まえがき

ウクライナや中東、アフリカなど、世界各地での戦争で、多くの人が犠牲になっています。住むところや工場、畑、橋なども破壊されています。そうした映像や画像をニュースなどでみた人は多いはずです。

どうしてこうなってしまうのか、人はなぜ戦争をするのか、国はなぜ戦争をするのか。悲しんだり、やるせない思いを持ったりしたことがあると思います。あるいは恐怖や怒りかもしれません。それらは戦争と平和の問題を考える重要な出発点です。

人類に戦争はつきものだ、という声をよく聞きます。これらは現実の一面です。しかし、人間も国家も、常に戦争をしているわけではありません。多くの人は、おそらく皆さんを含めて、「私は戦争が嫌いだ、平和を望んでいる」と考えていると思います。それでも戦争が起きてしまうのは、そう考えていない「悪い人」がいるからなのでしょうか。あるいは、皆が戦争を嫌い、平和を望みながら、それでも別の理由で戦争になって

JN178559

しまうのでしょうか。

平和を望むとすれば、いかに戦争を防ぐかを考えなければなりません。そのためには、人間が変わらなければならないのか、国が変わらなければならないのか、あるいは、国際関係の仕組み自体が変わらなければならないのか。なかなか厄介な問題です。一筋縄ではいきません。だからこそ、世界各地で戦争がなくならないともいえます。

それにもかかわらず、あるいはだからこそ、人類はひとつだ、皆がちゃんと話し合えば分かり合えるはずで、そうすれば戦争など起きない、という考え方もあります。「話せば分かる」という発想ですね。これが広まれば世界が平和になりそうなものです。そう信じたい、願いたい気持ちもよく分かります。

しかし、残念ながら現実にはなかなかそうなりません。なぜなのでしょうか。

話し合っても合意できないものが世界には少なくないからです。たとえば、どこかの土地を巡って誰のものかが争いになったとします。民族間の争いかもしれませんし、国家間の争いかもしれません。国際関係でいうところの領土紛争です。誰かが保有することになれば、他の人たちはそれを諦めなければなりません。半々に分けたとしても、半分よりも多くを獲得する権利があると考えていた方にとっては不満が残るでしょう。「先祖代々うちの土地だった」と考える人は、一部を引き渡すことにも納得できないはずです。

あるいは、価値をめぐる争いもあります。その最たる例が宗教です。神様の教えが相入れない場合、どうすればよいのでしょうか。実際、異なる宗教の間の争いは世界中で起きてきました。だとしたら、宗教が存在しなければ世界は平和だったのでしょうか。それも乱暴な議論です。さらに、いまさら、宗教がなかったことにするなど、現実問題として不可能です。

軍隊や武器に関しても似たようなことがいえます。軍隊が存在するから戦争が起きるのでしょうか。これだと、軍隊の存在が戦争を生むという議論になります。軍隊を廃止すれば戦争もなくなる、と。反対に、戦争が起きるから――いくら自国は平和を望んでいたとしても、隣国が攻めてくるかもしれないために――軍隊を持ってそれに備える必要があるという考え方もあります。さらに、それによって隣国による攻撃を防ぐことができれば、軍隊によって平和が維持されたということになります。

イメージで結論に飛びつく前に、少し落ち着いて、何が「原因」で何が「結果」かを意識的に考えてみることが重要です。

また、日本で戦争といったときに想定されるのは、日中戦争や太平洋戦争など、日本が他国を攻めた戦争であることが多そうです。「戦争反対」というときに無意識に頭にうかぶのも、日本がしかける戦争かもしれません。しかし、ウクライナのように、いわれのない侵略に対する自衛も戦争です。侵略戦争と同じように反対するのでしょうか。戦争もいろいろなのです。

この本を通じて示される世界は、暗いかもしれません。軍隊をなくせば平和になるとも考えません。国や国民価値などを守るために戦うことが必要な場合もあります。みんなが仲良くすれば世界は平和になるという楽観的な立場はとりません。それが現実なのです。

それでも、厳しい現実が存在するがゆえに、問題の構造を明らかにして、少しずつでも戦争を起こさせないための知恵を深めていく必要があるのです。そこには希望も存在します。

この本では、戦争と平和の問題を一一の章に分けて考えてみます。第一部の三つの章では、個人、国家、力の均衡という、世界を理解する際の三つの異なる視座を順番に考えていきます。第二部の五つの章は、「何から」「何を」「いかに（何によって）」守るのかという観点で、安全保障の基礎を考えていきます。最後に第三部の三つの章は、より平和な世界をつくるための手段として、国際協力と抑止の問題を考え、最後に日本の平和を取り上げます。

すべてを読み終わっても、世界を平和にする魔法のような解決策は、残念ながら出てきません。それでも、戦争と平和の問題を考えるための基礎的な読みとき方を身につけてもらいたいと願っています。

この本は、個別の国際問題や、米国や中国といった個別の国に関する入門書ではありません。世界の戦争と平和の問題の読みとき方が焦点です。それを身につけたうえで、関心のあるものを考えるにあたってのツールとして活用して欲しいのです。そのなかから、よりよい世界のためのアイディアが出てくることを願っています。

目次 ＊ Contents

第一部

世界をみる三つの視点

第一部では、国際関係の読みとき方の基礎、つまり何に着目して国際関係を理解するのかという問題を考えます。国際関係は、何によってできているのか、ということでもあります。国際関係というと、有名な大統領や首相の名前や顔がすぐに思い浮かぶ人もいるかもしれませんし、国の名前が浮かぶ人もいるかもしれません。そうした直感的なイメージは重要です。なぜなら、何をイメージするかによって、みえてくる世界が違ってくるからです。

第一章では「人間」を取り上げます。国際関係とはいっても、もっとも重要な要素は人間で、人が国際関係を構成するという考え方です。

第二章では、「国家」を扱います。国「際」関係というからには、国と国との「際《きわ》」、つまり境い目が対象になるわけです。だとすれば、国際関係を考えるからには、国が基本的な単位になるはずです。それぞれの国がどのような性質であり、いかなる政策をとるかが重要になります。日米関係や日中関係、米中関係などの二国間関係は、まさに国際関係なわけです。

念のため補足すると、日米関係は日本と米国（アメリカ）との関係、日中関係は日本と中国との関係のことです。日本語では常に日本が先です。ただし、中国では中日関係になります。みな、自国を先にするのです。日本以外の国（第三国）同士の関係については、明確な決まりはありませんが、通常大きい方の国名を先にします。たとえば、中国と北朝鮮との関係は、中朝関係です。

第三章では、「国際システム」、つまり総体としての国際関係に目を向けます。そこで注目するのは、各国間や地域の力のバランスです。人や国家が自由に変えることのできない、国際システム自体に独自の力学が存在するという考え方だといえます。小国が大国に立ち向かう場合、小国の側がどんな意思を持っていたとしても、当然思いどおりにはなりません。人間や国家だけをみていては分からない部分です。

これらを、第一イメージ（人間）、第二イメージ（国家）、第三イメージ（国際システム）と名付けたのは、米国の国際政治学者だったケネス・ウォルツです。第一部では、彼の議論を出発点にそれぞれの視点を考えていきましょう。ただし、ウォルツの議論をそのまま紹介するのではなく、あくまでもそれを手掛かりにして、国際関係を理解するための視点を定めることが目的です。

重要な点は、どのレベルに視点をおいて読みとくかによって、みえてくる世界が異なることです。同時に、視点をおくレベル次第で、どうすれば平和になるのかについての処方箋も異なります。そのために、どこに視点をおくかは非常に重要なのです。

それでも、どれが正解ということではありません。それぞれの視点で異なる世界がみえるのであれば、それらを組み合わせることによって、より立体的に世界をみることができるともいえるからです。

皆さんは、まず、ニュースなどで接する出来事に関して、自分がどのようなイメージに基づいて理解をしているのかを、自覚してみることが重要です。以下では、ロシアによるウクライナ全面侵攻などの具体的事例にも触れながら考えていきます。

第一章　個人を中心に考える

やっぱり人間が重要

まずは「人間」を中心に国際関係を考えてみましょう。これが第一イメージであり、多くの皆さんにとってもっとも分かりやすい視点だと思います。大統領も首相も、外務大臣もみんな人間です。政治指導者や外交官の伝記や回顧録を読んだことのある人も少なくないでしょう。個人に焦点をあてた歴史小説も似たところがあり、これらは、特定の人物を通じて政治や外交、さらには国際関係を捉える視点です。「やっぱり人間が重要」ということです。

たとえば日米首脳会談。最近では、安倍晋三《あべしんぞう》首相とドナルド・トランプ大統領が親密な関係を築いたといわれました。その昔には、一九八〇年代、中曾根康弘《なかそねやすひろ》首相とロナルド・レーガン大統領は「ロン・ヤス」と呼ばれる関係を築きました。日本と米国という大きな国の関係が、指導者個人のみによって動くわけではありませんが、大統領や首相個人であればイメージしやすいかもしれません。人間をつうじて国際関係の顔がみえるようになります。

大統領も首相も、そして首脳を支えるスタッフも当然人間です。かれらが日米関係、さらには国際関係を形づくっているのです。米国大統領が何かの決定をすれば、日本のような外国にも大きな影響がおよぶことになります。

良好な関係の基礎が人間だと考えるのであれば、関係が悪化し、究極的に戦争にいたる場合も、その原因は人間だということになります。人間を基礎に考えるとは、そういうことです。

教育や文化分野で活動する国際機関であるユネスコ（国際連合教育科学文化機関）の憲章は、「戦争は人の心の中で生れるものであるから、人の心の中に平和のとりでを築かなければならない」という有名な言葉からはじまっています。人の心は重要です。もし世界中の人々が、絶対に戦争をしないと誓い、それを守るのであれば戦争は起きず、心の中の平和のとりでが戦争を防ぐという考え方です。

いい方を変えれば、平和を実現するには人間を変えればよい、ないし、人間を変えなければならないということでもあります。「そうしないと平和が実現できない」と、「そうすれば平和になる」では、受ける印象はだいぶ違いますが、いずれにしても課題は同じです。これは実現できるでしょうか。

皆が仲よくすれば平和になるはずだ、と誰もが一度は考えたことがあるでしょう。しかし、世界には八〇億人近い人々が暮らしています。戦争をしないと全員に誓わせ、しかもその約束を守らせるのは、実際にはなかなか難しそうです。これは国際関係に限った話ではなく、国内でも、どうしても悪いことをする人がいるために警察が必要ですし、刑務所もあるのです。

プーチンの戦争

二〇二二年二月にはじまったロシアによるウクライナ全面侵攻を考えてみましょう。ロシアのウラジーミル・プーチン大統領が、ウクライナに侵攻するという決定をしなければ、この戦争は起きていなかったと考えるのは自然なことです。

もちろん、すべての決定がプーチン個人によるものではないはずですが、もっとも大きな決定をしたことは間違いありません。そして、そうした一国の最高権力者が決定の責任を負うのも当然です。これが、今回の戦争を「プーチンの戦争」として捉える見方です。

「プーチンは何を狙っているのか?」「プーチンの次の一手は?」といった議論を、ニュースなどでもよく聞いたかと思います。議論対象の顔がみえると、イメージが具体的になるために、分かりやすい議論ではあります。

そして、この議論の重要なところは、これが「プーチンの戦争」だとしたら、プーチンが何らかのかたちで大統領の地位から去れば、戦争が終わることを示している、ということです。プーチンが存在しなければ、プーチンの戦争は起きなかったし、続けられないということになります。

全世界の人間を一人残らず変えることは、やはり難しそうに感じますが、プーチンという一人の人間を変える、ないし大統領職から去らせるということであれば、可能だと考えてもおかしくないかもしれません。

「プーチンの戦争」という言葉を何気なく聞いたり、使ったりしている人も多いと思います。しかし、それは人間を基礎とした国際関係への見方をしているということです。そこからは、「プーチンがいなければ違っていたはずだ」、あるいは、「プーチンがいなくなれば戦争は終わる」という想定が引き出されるのです。これは意識しておく必要があります。

ゼレンスキーの戦争

この観点は、ロシアのみに適用されるのではありません。ウクライナにあてはめれば、ロシアへの抵抗を率いている指導者に着目することになります。侵攻を防げなかった責任を問うという観点もあるでしょう。

二〇二二年二月にロシアによる侵攻がはじまった直後、米欧諸国は、ウクライナが抵抗し続けることは難しいと判断し、ウクライナのヴォロディミル・ゼレンスキー大統領に、首都キーウからの脱出を何度もアドバイスしたと伝えられています。

ゼレンスキーはこれをきっぱりと断ったのです。そして、「我々はみなここにいる」という、有名なビデオが生まれます。大統領府のすぐ横の路上で、首相や大統領府長官などの側近と一緒の自撮りビデオをＳＮＳで発信したのです。国民に対して、「大統領は逃げたりしない」「国民と共に戦うのだ」というメッセージを、非常に明確なかたちで発したのです。したがって、これは「ゼレンスキーの戦争」と呼べそうです。

このメッセージが戦争の一つの転換点になりました。それ以降ウクライナは、米欧諸国の事前の想定を大きく上回る抵抗能力をみせたのです。その結果、各国からのウクライナへの武器供与は拡大することになります。米欧諸国からすれば、ロシアに抵抗する意思と能力があるのであれば支援する、ということです。

その後も、ゼレンスキー大統領はロシアの侵略に抵抗するカリスマ的指導者として、外国からの支援取り付けに大きな役割を果たします。ウクライナは他国からの支援がなければロシアへの抵抗を続けられません。そのため、彼のアピール力が国を救ったということすらできます。

大統領がほかの人だった場合に、国際社会に対して同じ程度の発信ができ、支援を獲得できたかは分かりません。その意味で、「プーチンの戦争」と呼ぶときとはまったく異なる背景・理由で、この戦争は「ゼレンスキーの戦争」でもあるのです。

これらの議論をまとめれば、良いことをするのも、悪いことをするのも人間で、国際関係をみるにあたっては、まずは人間をみなければならないということです。これが、第一イメージの基本的な考え方ですが、さらにいくつかの要素をみてみましょう。

人類の歴史は本当に戦争の歴史なのか

よく、人類の歴史は「戦争の歴史」だといわれます。日本史でも世界史でも、皆さんが学校の歴史の授業で習うものにも、戦争が多く含まれます。人類の歴史に戦争がつきものなのは確かなのですが、注意しなければならない側面もあります。それは、歴史の授業や教科書で取り上げられるのは、特別な出来事ばかりだということです。「平和に暮らしていました」では、昔話にはなっても、歴史の教科書にはのりません。

それは現代の報道も同じです。戦争で犠牲者が出たり国土が破壊されたりした結果、ニュースになるのです。国内の事件、事故報道も同様です。飛行機が墜落するとニュースになりますが、無事に離着陸してもニュースにはなりません。

したがって、安全な離着陸に比べて墜落のニュースが多いからといって、飛行機がいつも墜落していることにはなりません。当然です。殺人事件や交通事故、火災など、不幸なものが報道で取り上げられることが多いわけですが、だからといって世の中が不幸だらけなわけではありません。全体像をバランスよくみる必要があります。

戦争も同じで、人類はいつも戦争をしているわけではありません。平和を、「戦争がおこなわれていない状態」と定義することには批判的な声もよく聞きます。しかし、避けるべきものとしての戦争を重視するのであれば、平和のためには、やはり、戦争をしていない時間を少しでも長くすることが出発点になります。

第二次世界大戦は一九四五年に終わりました。それ以降も、世界ではさまざまな戦争がおきていますが、幸いなことに、大国間の大規模な戦争はおきていません。ロシアによるウクライナ侵攻は、片方の当事者がロシアという大国ですが、これに、たとえば米国が直接に参加しているわけではありません。米国が直接参戦していれば、第三次世界大戦に発展してしまったかもしれません。

世界の戦争に関するデータはさまざまに存在します。それらによると、世界各地での紛争・戦争はほぼ常に発生し続けているものの、主要国が直接攻撃されるような戦争は防がれているという傾向がみてとれます。これを人類の進歩だと理解することもできますが、戦争の被害が貧しい国々に偏っていると批判的にみることも可能です。アジア、アフリカ、中東での犠牲者は、現在も出続けているのです（なぜ主要国間での戦争が防げているかについては、第二部、第三部で議論します）。

加えて、人類がいつも戦争をしているわけではないという事実は、戦争の主要な原因を個人に求めることとの限界も示しています。というのも、同じ人間が、あるときには抑制的で平和を達成できるのに、戦争をすることもあり、その両方を説明しなければならないからです。たとえば大統領などの政治指導者に着目したとしても、戦争に打って出ることもあれば、そうではないときもあるとすれば、その決定には、人間以外の要素がはたらいていると考える必要が出てきます。

個人としての兵士

とはいえ、人間以外の要素を考える前に、戦場での兵士個人の気持ちを考えてみることも重要です。また、戦争中の国の一般市民の気持ちを検討する必要もあります。

前線に派遣された兵士が「死にたくない」と願うのは、人間として自然なことです。いかに侵略側だったとしても、兵士には家族もいれば、友人もいます。戦争とは別の私生活が存在するのです。ですから、「兵士は好戦的だ」と考えるのは一方的すぎます。

しかし、戦いたくないからといって、現場の兵士が勝手に持ち場を離れて脱走するのも問題です。ともに行動していた仲間の兵士を危険にさらすことになるからです。そのため、多くの国で兵士の脱走は厳しく罰せられるのです。

兵士が人間なら、大統領や防衛大臣も人間です。部下が犠牲になるかもしれない命令を出すことは、できれば避けたいものです。民主主義国家の指導者はさらに慎重になる必要があります。多くの犠牲者が出るような事態になれば、国民からの批判が避けられないからです。しかし、たとえば大統領による独裁を含む権威主義国家では、国民の犠牲をかえりみない指導者がいるかもしれません。

ただし、多くの場合で、戦争をもっとも避けたいのは、兵士自身ですし、彼らに直接命令を下さざるをえない立場にいる指揮官なわけです。そこには、「戦いたくないのに戦う」という図式が浮かび上がります。そうだとすれば、人間以外の要因が働いていると考えるほかありません。それが、国家（第二イメージ）だったり、国際システム（第三イメージ）だったりするわけです。人間はなぜ、戦いたくないのに戦うのでしょうか。

市民は平和的か好戦的か

さらに、一般市民についても考えてみましょう。たとえばロシアは、ウクライナに侵略した側ですが、ロシアの一般市民に責任があるかどうかは難しい問題です。歴史上さまざまな戦争にあたって、「国民は敵ではない」「敵は政府、あるいは指導者だ」といういい方が繰り返し使われてきました。戦後に向けたメッセージであると同時に、敵国の政府と国民の分断をうながすための方策でもあります。

そのため、敵国に対して実施する経済制裁でも、政治指導者や政府機関、政府に近い組織・個人などを主たる標的にし、一般市民の生活必需品などへの影響をなるべく避けようとするのです。

しかしここには悩ましい問題があります。もし、制裁をしても一般市民の生活に影響がおよばないとすれば、彼らが自国の戦争に反対の声を挙げることを期待するのも難しくなってしまうからです。そうした状況は、戦争を続けたい政府にとっては好都合です。そのため、戦争中の政府は、一般市民の支持を取り付ける、あるいは少なくとも世論が反戦に傾くのをおさえる目的で、戦時中でも日常生活への影響を避けようとする場合があります。

ただし、私たちの歴史では、指導者よりもむしろ一般国民が好戦的になるような事態がしばしば発生してきたことを忘れてはなりません。たとえば、日露戦争を終結させた一九〇五年のポーツマス講和条約に対して、戦争に勝利したにもかかわらず領土の獲得が小規模で、賠償金を獲得できなかったことに不満を持った一部の日本国民は、日比谷焼打事件を引き起こしたのです。政府よりも国民が熱くなってしまった好例です。

もちろん、市民は、政府による好戦的な教育や宣伝に影響されただけかもしれません。しかし、政府の言葉に騙《だま》された市民にはまったく責任がないのでしょうか。難しい問題です。

国内の問題から国民の目をそらすために、政府が主導して国外に敵をつくり出すケースもあります。軍事行動を含む対外的な強硬策によって国内の支持固めをするという考え方です。それに対して、国民がより過激な方向にいってしまったために、政府にとって交渉の余地がなくなってしまうような事態もしばしば発生します。

いずれにしても、一般市民が常に平和的であるとは限らないのです。そもそも、第一イメージとは、人間が原因で戦争が発生するという話でしたから、指導者のみならず、一般市民が好戦的になること自体は、実は驚くべきことではまったくありません。一般国民も指導者も、同じ人間なのです。

結局、戦争を起こすのも平和をつくるのも人間なのです。この両方を説明しようとすれば、やはり人間以外の要因にも注目しなければならなそうです。

第二章　国家を中心に考える

国際関係は国「際」関係

人間を中心にする見方の次は、第二イメージとしての、「国家」を中心にした見方です。これについて考えるためには、そもそも国家とは何かという問題が存在するため、人間を基礎にする見方よりは、頭の準備が多少必要かもしれません。それでも、国際関係や国際政治というからには、国と国の「際《きわ》」を扱うものであることは、言葉からして明らかだともいえます。そうであれば、国家が前面に出てくることは自然です。

では、その場合の国家とは何でしょうか。これについては国益に関連して第二部でまた詳しく触れますが、国家が国家であるためには、最低限、「領土」「国民」「政府」が必要とされます。

支配がおよぶ地理的範囲としての領土、つまり一定の土地が存在しなければ国家とは認められません。国民についても同様です。誰も住んでいない国家は成立しませんし、すでに他国の一部であるところに新たな国家を勝手につくってもいけません。あたり前に聞こえるかもしれませんが、基礎を確認しておくことは重要です。

そして、領土と国民が存在する以上、それを何らかの形で治めなければなりません。これを統治と呼びます。人々がただばらばらに住んでいるだけでは国家を名乗れません。域内では治安を守る必要がありますし、道路や橋、学校などをつくるためには、税金を集めなければなりません。法律も必要でしょう。

そうすると、政府をつくる必要があり、それは、その国を対外的に代表する組織にもなるのです。ほかの国との関係は、対外関係と呼ばれ、国家間で問題が発生した場合、まずは話し合いで問題の解決を目指すことになります。これが外交です。

国家と密接に結びつくのが軍隊ですが、軍隊の存在は国家の必要要件ではありません。実際、軍隊（ないしそれに準じた組織）を保有しない国家も世界には存在します。中米の国であるコスタリカが軍隊を持っていないことは、どこかで聞いたことがあるかもしれません。

国家を基礎に国際関係をみるということは、国際関係を規定する主要アクターが国家だということです。国家をみれば国際関係が分かる。さらにいえば、戦争を起こさないことを目的とした場合、戦争は関係諸国による外交の失敗の結果だという見方にもつながります。

そして、この第二イメージの主眼が国家である以上、国家の中身をじっくり考えることが求められます。国家の中身、なかでも特に政治体制が国際関係に影響をおよぼすと考えられているからです。

ロシアの戦争

第一章に続いて、まずは二〇二二年からのロシアによるウクライナ全面侵攻にあてはめて考えてみましょう。人間を基礎に考えれば、それは「プーチンの戦争」だったのに対して、この戦争には、指導者個人による特徴よりも、ロシアという国家の特徴があらわれていると捉えるのが「ロシアの戦争」という見方です。

実際、この戦争でのロシアの行動をみると、第二次世界大戦での戦い方や戦後のソ連による各地の支配の方法との共通点が多いことに気付かされます。兵士の命を軽視するような戦い方も変わっていないことが明らかになってしまいましたし、占領地で民間人を拘束し、シベリアなどに送るような措置も、ソ連時代（一九二二―一九九一年）を含めて、ロシアが昔から繰り返してきたものです。国家に主眼をおく第二イメージでは、これらを、プーチンに特有なものよりも、ロシアに特有だと考えるのです。

そう考えることによって、「プーチンの戦争」という理解とは異なる姿がみえてきます。たとえプーチンがいなくても、こうした戦争の可能性はあったし、プーチンがいなくなったとしても戦争が終わるわけではない、ということになるのです。その意味では、「ロシアの戦争」の方が「プーチンの戦争」よりもさらに悲観的な将来を示すものだともいえます。この戦争は歴史の逸脱ではなく常態だというわけです。

ロシアやソ連の支配を受けた経験を有するバルト諸国やポーランドなどでは、「ロシアはロシアだ」とよく指摘されます。これは、たとえ指導者が交代しても、政治体制が変わっても、ロシアの国家としての特徴は不変だという認識を端的にあらわしています。そして、国家の特徴がなかなか変化しないとすれば、新たな指導者が登場しても過剰な期待は禁物です。

とはいえ、国家の特徴が永遠に変わらないともいえないはずですね。その好例が日本です。第二次世界大戦で敗北した日本は、米国を中心とする連合国の占領統治をへて、民主主義国家として再出発しました。それ以降の歴史が、それまでの歴史と大きく異なることは誰も否定できないでしょう。もっとも、日本の場合は「大正デモクラシー」など、昭和の戦争より前の時代には、異なる政治社会が存在していた点も忘れてはなりません。そうした経験は戦後に活《い》かされました。

ただし、第二次世界大戦で敗北した日本やドイツが、戦後の改革や復興の絶好の例として言及され続けること自体、ほかに成功例が乏しいことを暗に示しているのかもしれません。

民主主義とは？

国家の中身や特徴といった場合に、まず重要になるのが政治体制です。政府をどのようにして作り、運営するのかという問題です。「民主主義」という言葉はよく聞きますが、これ自体、非常に多面的です。

たとえば日本のすぐ近くに位置する北朝鮮です。核兵器開発やミサイル発射などで、日本の安全保障にとっての脅威になっています。最高指導者のキム・ジョンウン（金正恩）は、選挙で選ばれていません。世襲ですし、世界でも有数の独裁国家です。しかし、北朝鮮の正式な国名は、「朝鮮民主主義人民共和国」なのです。

冷戦時代、ドイツは東西に分断されていました。そのうち、共産主義陣営に位置していた東ドイツの正式名称は「ドイツ民主共和国」でした。国名に民主主義が入っている国は民主主義ではないと、冗談でよくいわれますが、完全に冗談でもありません。民主主義にみえないからこそ、民主主義だといいたいのでしょうか。

しかし、それは単なる言葉遊びではなく、民主主義とは何かという定義の問題でもあります。多くの日本人があたり前のものとして考える民主主義は、自由で公正な選挙に基づく、いわゆる自由民主主義（リベラル・デモクラシー）です。

共産主義は、資本家に対抗して自分たちこそが、一般の国民の声を平等に反映する制度だと主張するわけです。ただ、国民全員で政治をおこなうわけにはいかないために、共産党という「前衛政党」を組織して、人々を先導するという論理です。

自由民主主義ではない体制として、もう一つ触れておくべきは権威主義体制です。選挙は行われつつ、強権的なリーダーのもと、野党やメディアの活動が制約されたりします。裁判所が独立していなかったりすることも少なくありません。ただし、権威主義にはさまざまなレベルがあり、独裁といってよいような体制もあれば、ソフトな権威主義もあります。

国際関係を考える際の第二イメージで重要になるのは、国家の対外関係は、国内の政治体制によって影響を受けるという基本的な考え方です。さらに、各国が民主主義になれば世界はより平和になるのかが問われてきました。

民主主義国家は戦争をしない?

この議論を、最初にまとまった形で提起したのは、一八世紀のプロイセン(ドイツ)で活躍した思想家のイマヌエル・カントです。一七九五年に刊行された『永遠平和のために』という本のなかで、平和のためのさまざまな提案をおこない、「永遠平和のための第一確定条項」を、「各国家における市民的体制は共和制的であるべき」としました。

ここでいう共和制は民主主義のことだと考えてください。

もし、国民は常に平和を望み、独裁者が戦争を引き起こすのだと考えれば、各国の体制を民主主義にするだけで、世界は平和になるといえるかもしれません。しかし、それは本当でしょうか。

第一章ですでにみたように、一般市民が常に平和的であるとは限りません。政府より国民が熱くなってしまうこともしばしばでした。

カントの時代、民主主義国家は世界で少数派でした。そのため、「民主主義国家は戦争をしない」という命題を検証することも容易ではありませんでした。それでも、政治体制としての民主主義を支持し、その促進を望む立場であれば、民主主義国家が平和的であると信じたい気持ちも分かります。

しかし、民主主義国家が平和的に生存したかったとしても、非民主主義国家に武力攻撃される可能性は常に存在します。そのような事態が発生すれば、民主主義国家は自衛のための戦いをせざるをえません。そうでなければ、他の国を侵略するような非民主主義国家ばかりが大きな影響力をもつ世界になってしまいます。結果として、民主主義国家にも戦う覚悟が求められるのです。

デモクラティック・ピース論

民主主義国家も、非民主主義国家に攻撃された場合には、自らを守るために武器をとらなければならないとすれば、「民主主義国家は戦争をしない」という命題はやはり正しくないということになります。そこで、民主主義国家「同士」は戦争をしないという、より限定された命題が注目されるようになりました。これがデモクラティック・ピース(民主主義による平和)論です。

これは、一国単位ではなく、「対《つい》」として国際関係を捉える発想です。民主主義国家が、みずから戦争をしかけることがないとすれば、民主主義国家が民主主義国家に攻撃されることはないはずです。実際、数百年にわたるデータを検証しても、民主主義国家同士といえる国家間戦争の事例はほとんど存在しません。

そこで問われるのが、民主主義国家同士はなぜ戦争しないのか、という「なぜ」の部分です。ここでは二つの考え方が可能です。第一は、権力の分立によるチェック・アンド・バランスや定期的な選挙の実施という、民主主義に特徴的な制度に着目した解釈です。それによって戦争がしにくくなっている、特に、自ら他国を攻撃するような決定をすることが（ほかの政治体制よりも）難しいという主張になります。これはカントの考え方に近いものです。

第二は、制度よりも価値観に着目した議論です。この考えをとる論者は、選挙や統治の制度よりも、国民の間に定着している自由で民主的な価値観こそが、平和をもたらす要因だと主張します。平和的手段による問題の解決という、国内社会での規範を対外関係でも可能な限り追求したいという意思もはたらくといわれます。これは、デモクラティック・ピースよりも、価値観としての自由を重視することから、リベラル・ピース（自由主義による平和）と呼ばれることもあります。

この二つを比べた場合、民主主義の制度を重視するのであれば、相手が民主主義かどうかは、本質的には問題にならないはずです。対民主主義国家であっても、対権威主義・独裁国家であっても、民主主義諸国の側の制度的制約には変化がないはずだからです。それに対して、価値や規範を重視する場合、民主主義国家が相手であれば、国内での平和的な問題解決を対外関係でも維持する動機が強くなるといえそうです。

民主主義の拡大？

制度と価値観のどちらを重視する場合でも、民主主義国家同士が戦争しないのであれば、民主主義の拡大が平和への道になります。そのためにおこなわれるのが、他国に対する民主化支援です。国際連合などの国際機関を通じた選挙支援はその大きな柱とされてきました。米国や欧州では、他国への民主主義の促進が、外交政策上の重要な目的の一つとされることが少なくありません。

民主主義の拡大に関する最大の成功例が、冷戦後の中東欧（中央ヨーロッパ、東ヨーロッパ）諸国であることに、ほとんど異論はなさそうです。それら諸国の多くは、民主化のみならず、著しい経済発展を経験しています。

しかし、他地域での実績はそこまで芳しくありません。制度としての選挙の実施を支援することはできても、民主的な価値観や規範となると、外国から押し付けて完結するものではありません。どれだけ持続的に民主主義の定着を支援できるかは、これまでも難題でした。

民主化途上の諸国は不安定化しがちで、より紛争に関与しがちであるというデータが注目されたこともあります。成熟した民主主義国家同士は戦争をしないとはいえても、そのような国が急に誕生することはないのです。そうである以上、「民主化を進めれば世界は平和になる」と楽観的になるわけにはいかなさそうです。

では民主化は無駄なのでしょうか。それも極論です。すぐに平和が達成されなくても、民主化した国で人権がより守られるとすれば、それ自体よいことだといえます。

また、経済関係の強化や貿易の拡大が関係国間の平和をもたらすという考え方も、昔から提唱されてきました。これについても懐疑論的な見方が少なくありませんが、国内体制としての民主主義や、人権の尊重を重視する立場とあわせて、国際関係では「リベラリズム」と呼ばれる考え方です。

「自国のことに専念して他国を無視してはならない」の意味

それに正面から反論するように、他国のことは放っておけ、介入すべきではないという意見もきかれます。日本では、そうした姿勢が根強い印象があります。

しかし、日本国憲法前文は、「平和を維持し、専制と隷従、圧迫と偏狭を地上から永遠に除去しようと努めている国際社会において、名誉ある地位を占めたいと思う」と述べ、「いずれの国家も、自国のことのみに専念して他国を無視してはならないのであって、政治道徳の法則は、普遍的なものであり、この法則に従うことは、自国の主権を維持し、他国と対等関係に立とうとする各国の責務であると信ずる」と宣言しています。さらに、「日本国民は、国家の名誉にかけ、全力をあげてこの崇高な理想と目的を達成することを誓う」とまでいっているのです。

日本国憲法の前文、読んだことあったでしょうか。小学校の教科書にはじまり、憲法というと、戦争放棄や戦力の不保持などに関する第九条の話ばかりが取り上げられがちですね。しかし、それだけが憲法ではありません。そして、こうした前文に示された理念こそ、まさに、第一、第二イメージ両方において、日本が世界に関与していく原理原則を提供するものだといえます。

もっとも、そうした議論を真空のなかでおこなうことも避ける必要があります。第二次大戦後の長きにわたって、日本の周辺には民主主義国家がほとんど存在せず、日本が民主主義・人権外交をしようにも、前提条件が悪すぎたのも事実です。また、水面下での働きかけという「静かな外交」によって状況の改善をはかろうとした、という部分もありました。

しかし、各国の国内体制が対外関係に影響し、それが地域の秩序をかたちづくるという、第二イメージに沿うのであれば、「他国を無視してはならない」は、利他的な理念の問題ではなく、日本の国益に直結するものだと捉えることができます。

足元をみられる民主主義国家？

ただし、第二イメージを考えるうえで最後に触れざるをえないのが、民主主義国家は足元をみられているのではないかという観点です。

ウクライナ全面侵攻にあたって、ロシアがウクライナを過小評価したことは明確です。これほどロシアに抵抗できるとは考えていなかったのです。また、米欧日などを中心とする民主主義諸国によるウクライナ支援に関する結束も過小評価していたといえます。

民主主義諸国は「どうせまとまれない」し、「どうせ支援は続かない」とロシアは考えたのでしょう。

実際、戦争が続くなかで、いわゆる戦時体制に大きく舵《かじ》を切り、たとえば武器・弾薬の製造能力を急激に拡大したのはロシアです。それに対して米欧諸国の側は、なかなか戦時マインドに転換できずに、ロシアに比べて出遅れが目立ちます。

実は、民主主義国家の初動の遅さは、歴史上、繰り返されてきたともいえます。第二次世界大戦でも、当初は、民主主義とはいえないナチスドイツや日本が席巻するわけです。米国は欧州でドイツが勢力を拡大するなかでも、日本が真珠湾攻撃するまでは参戦を躊躇《ちゅうちょ》しました。英国は、戦争を回避するために、ドイツに対して「宥和《ゆうわ》政策」と呼ばれる譲歩を繰り返したのです。

当時の日本では、民主主義はもろく、戦争を戦う覚悟がない、という主張が盛んになされていました。今日のロシアでの議論との共通点に気付かされます。

その後、米英両国は本気になり、最終的には勝利するのですが、出だしが遅かったことは否定できません。そして、権威主義国家・独裁国家が民主主義国家の能力を過小評価しがちで、それが戦争を誘発しかねないのだとすれば、第二イメージで国際関係をみる際には注意が必要になります。

第三章　国際システムを中心に考える

国家に行動の自由はない？

最後は第三イメージです。人間と国家が国際関係を形成すると考えるのが、それぞれ第一・第二イメージですが、第三イメージはその逆で、国際関係が国家（と人間）を規定するという見方です。この違いは重要です。というのも、第三イメージは、国家が自由な選択肢を持っていないという前提だからです。

どういうことかというと、国家の選択や行動は、国際システムのなかの力の分布（バランス・オブ・パワー）から自由になれない、ということです。現実的にとりうる選択肢が限られるのです。

「Aという政策を選択した」と、「そのほかの選択肢がなく、Aにならざるをえなかった」とでは、結果は同じかもしれませんが、意味合いがまったく異なりますね。もちろん、後者は「言い訳」にすぎないかもしれませんが、「やむをえず」という決定は、国際関係ではよくみられることです。

　でも、国際関係は、主権国家のさらにうえに立つ組織・権威がないという意味で「無政府（アナーキー）」といわれますし、国連といえども、たとえばロシアによるウクライナ侵攻には何の手出しもできないなど、主権国家の「強さ」が強調されることが多いと思います。国際法だってなかなか守られないのです。

　両方を考えれば、はたして国家は自由なのか、そうでないのかと疑問に思うかもしれません。しかし、結局どちらも現実なのです。弱い国もあれば強い国もあるのです。第三イメージ的に表現すれば、力の分布によって、それぞれの国家にとっての選択肢の範囲が決まる、ということです。強い大きな国はより多くの選択肢を持ち、自由度が高いのです。逆に、弱く小さい国は、他国の動きや地域の情勢に左右されるばかりだとしても不思議ではありません。

　大国のすぐ横に位置する小国のことを考えてみてください。たとえば、ロシア（ソ連）のすぐ隣のフィンランドです。ロシアと一三〇〇キロ以上もの長い陸上国境を接するフィンランドは、幾度となく侵略を受けています。そして第二次世界大戦後、米欧間の同盟であるNATO（北大西洋条約機構）が発足しましたが、フィンランドは加盟しませんでした。

より正確にいえば、「加盟は無理だった」のです。NATOに加盟することでソ連を刺激してしまっては、逆にフィンランドの安全保障が損なわれかねません。そうしたぎりぎりの計算のなかで、中立を選択することになったのです。なお、フィンランドは、それから七〇年以上たった二〇二三年にNATOに加盟することになりました。二〇二二年二月からのロシアによるウクライナ全面侵攻を受け、地域の戦略環境やフィンランド国内での見方が大きく変化したためです。

政権交代しても変わらない外交

各国がどれほどの選択肢を持っているのかという点は、政権交代を考えてみると分かりやすいかもしれません。政権交代で新たな指導者が誕生した場合、外交・安全保障を含めて政策を大規模に変更することを目指す場合が少なくありません。前政権との差別化は各国の新政権にとっての共通の課題です。

それでも、実際のところ外交・安全保障政策の大転換はおきないことがほとんどです。国内政策であれば、必要に応じて新たな法律をつくったり、予算をつけたりすれば、新たな政策を実施できます。日本では、二〇〇〇年代の小泉純一郎政権による郵政民営化や、その後の民主党政権での事業仕分けなどの例がすぐに思い浮かびます。英国では、以前、労働党政権になるたびに、重要産業の国営化が進められたりもしました。

それらと比べると、対外関係には相手があるため、大規模な政策転換が難しいのです。たとえば他国との条約を再交渉するという公約はよく聞きますが、これが実現できるかは相手国次第です。国内で法律を変えるだけではだめなのです。

また、条約を廃棄したり、それから離脱したりする場合にも、通報から実際の破棄・離脱までには、それぞれの条約の規定にしたがって、半年や一年などの時間が必要です。離脱の通報もすぐにできるとは限りませんし、離脱のための交渉が必要な場合もあります。貿易関係なども短期的に変えるのは困難です。

現実路線への転換?

より構造的な事情として、政権をとると現実路線に転じざるをえないことがよく指摘されます。極右や極左といったかなり極端な政策を掲げて選挙に勝った場合でも、「現実化」が求められることが少なくありません。というのも、まずは新たな政権を安定させることが必要だからです。

とりあえずはさまざまなものを前政権から引き継ぎつつ、優先順位の高いものから、順番に変えていくわけです。そうすると、多くの場合はまずは国内政策の転換から手が付けられることになります。

たとえば日本の場合、一九九四年六月に、自由民主党と日本社会党、そして新党さきがけの三党による連立政権が成立し、首相には、社会党委員長の村山富市が就任しました。社会党といえば、冷戦期には一貫して日米同盟に反対し、自衛隊は憲法違反だと主張してきた政党です。しかし、首相になったとたんに村山は、日米同盟の堅持を表明し、自衛隊は合憲だと述べたのです。

一九九〇年代は、その後の時代に比べれば、まだ日本を取り巻く安全保障環境は安定していたともいえますが、それでも、日本の安全保障・防衛を考えた場合に、日米同盟以外の選択肢が現実には存在しなかったということだったのでしょう。

英国では、二大政党の一つの労働党が、冷戦時代、時期にもよりますが英国の保有する核兵器の廃止やNATOからの離脱を主張することがありました。しかし、政権をとった際にそれらが実行に移されることはありませんでした。ここでも立ちはだかったのは、安全保障・国際関係の現実だったといえます。まさに第三イメージです。

パワー・バランスの重要性

もっとも、外交政策の大転換が常に不可能なわけではありません。好例は、英国のEU(欧州連合)離脱、いわゆるブレグジットです。二〇一六年六月の国民投票で離脱派が勝利したものの、実際に正式に離脱したのは二〇二〇年の二月でした。それまでの間、極めて厳しい離脱交渉がおこなわれました。それでもこれは、結果の是非はともあれ、対外関係の大転換ができたかなり貴重な事例になったといえます。

ただし、英国とEUとの交渉があまりに厳しく、かつ英国にとっても不利なものになったことから、ほかの国に対して、「EUを離脱することがいかに大変で不利か」をみせつけることになったのです。以前はフランスやポーランドの一部でときどき聞かれていたEU離脱の議論は、その後、ほとんどなくなりました。

これは、英国のEU離脱派もまったく予期していなかった効果だったはずです。しかし、交渉の力学として考えれば、本来は驚くべきことではなかったともいえます。というのも、英国は欧州のなかでは大国でありながら、経済規模（国内総生産：GDP）でいえば、EUのなかで二割弱の存在だったのです。ということは、パワー・バランスとして一対四になるわけです。特に貿易条件の交渉では、市場が大きい方がより強い立場になるのは当然です。

英国よりさらに小さなEU加盟国が離脱する場合、その交渉は英国以上に厳しい結果になる可能性が高いといえそうです。それではなかなか踏み出せないでしょう。国家が主権を持っているとはいっても、その手足はさまざまに縛られているのです。

国家レベルに着目した前章の議論との関係でいえば、第3イメージでは、国内の政治体制が民主主義であってもそれ以外でも、関係がないということです。国家は国家であって、その対外的行動は、政治体制の違いによって左右されないというのです。「国家はみな同じ」という考え方で、同じ状況に置かれたら、同じように行動するという意味です。こうした見方は「ビリヤード・ボール・モデル」とも表現されます。どのボールも同じで、外からの衝撃に対しては同じように反応するからです。個々のボールに個性はありません。

安定をもたらす力の分布？

さて、国際システムの構造に話を戻しましょう。そこでの力の分布が各国の行動を大きく規定するとすれば、全体としてみた場合に、より安定的で平和が維持されやすい力の分布や、逆に不安定や戦争を引き起こしやすい分布といったものが存在するのでしょうか。この問題こそ、第三イメージで戦争と平和を考える際の鍵になります。

国際政治学は、「極（polar）」の数に注目してきました。極の定義自体、なかなか合意されたものはありませんが、国際システムを主体的に構成する主要大国ということです。その数に着目すれば、単極、二極（双極）、多極などが存在します。

このうち、一つの国がとび抜けた力を持ち、それが秩序の安定をもたらす状態は、

「覇権安定」とも呼ばれます。強大な力を持つ覇権国が秩序を支え、他国は覇権国との関係を維持することによって、自らの安全保障を確保しようという仕組みです。しかし、覇権国が衰退する局面では、次の覇権国との間で覇権交代戦争が発生する懸念がありま す。戦略的競争と呼ばれる今日の米中対立は、米国と中国との間の覇権交代をめぐるものとみなすこともできます。

それに対して、二極体制（bipolarity）の代表例は、冷戦時代の米国とソ連です。冷戦は、米ソの直接戦争という「熱戦」にならずに終結したために、米国の冷戦史家であるジョン・ルイス・ギャディスがいったように「長い平和」だったという側面がありました。そしてこの経験を踏まえて、国際システムは二極体制だと安定するという「二極安定論」が唱えられることがあります。

しかし、現実の冷戦では、米ソの直接対決に至らない範囲で、さまざまな地域紛争が発生し、米ソは対立勢力に対して互いに支援をおこなったりもしていました。また、カリブ海の島国、キューバにソ連が核ミサイルを持ち込もうとしたことに端を発する一九六二年のキューバ危機で、世界は核戦争の恐怖のどん底まで突き落とされたのでした。

米ソ間の熱戦が勃発する危険は常に存在していたのです。

あるいは、一九世紀の欧州協調と呼ばれるウィーン体制を念頭に、五大国の存在が安定的な秩序をもたらすといった議論もあります。ただし、これも米ソ冷戦の経験に基づく二極安定論と同様に、特定の成功例から一般的な原則を引き出そうとするものという色彩が強そうです。というのも、ウィーン体制が安定的だったとすれば、それは大国間の同質性など、大国の数とは別の要因が大きかったからです。自動的に平和をもたらす極の数というものはなさそうです。

「現状維持」「現状変更」とは?

秩序の安定が極の数によっては決まらないとすれば、重要になるのは、主要大国が「現状維持(status quo)」を目指すのか、「現状変更」を目指すのかです。現状維持としてもっとも分かりやすいのは、現在の国境線の維持です。

そこで特に重要になるのは、「力による現状変更」を目指すかどうかです。「力による」とは、武力の行使を含む強制的手段の使用を意味します。たとえば日本も、北方領土の返還を要求しているわけですから、その意味では現状変更国家ですが、武力によってそれを実現しようとはまったく考えていません。

それに対して、たとえばロシアによるウクライナ侵攻は、力による現状変更の明白な事例です。実際、二〇二二年秋にロシアは、ウクライナの東部・南部の計四州の「併合」なるものを宣言しました。もっとも、これを明示的に承認している国は世界中にほとんどありません。

領土の主張のみならず、国際秩序・地域秩序を支える原則に挑戦を突きつけるという現状変更の試みも存在します。中国の一部からは、第二次世界大戦後の国際秩序は、米欧諸国主導で、それら諸国の価値に基づいてつくられたため、これを変えなければならないという声が聞かれます。

ただし、こうした現状変更を目指す国家に注目しすぎると、第二イメージに近づくことに気付いたでしょうか。これが重要な点で、大国は、国際関係の秩序を自らつくり、他国の行動に影響をおよぼすわけです。つまり、大国は国際システムそのものだともいえ、他国に影響される度合いは相対的に低いのです。

「力の真空」が生まれるとき

その意味で、国際システムを基礎にした国際関係の見方は、大国中心主義という側面が否定できません。

第一・二・三イメージを提唱したウォルツ自身は、第三イメージの重要性を強調しています。国際システム構造を軸とすることから、「構造的リアリズム」と呼ばれますが、こうした見方が、ほかならぬ大国である米国で広まったのは偶然ではなさそうです。

この文脈で、「力の真空（power vacuum）」という言葉がしばしば使われます。それには、軍事的に弱い国が存在していると、近隣の大国の間にはそこを支配したい誘惑が生じるという前提があります。そのため、弱いことによって、侵略を誘発してしまうというのです。

もちろん、人々が生活しているという意味で真空では決してないですから、これは大国による一方的な論理です。また、今日の世界では、隣に弱い国があるからといって攻め込んではいけません。あたり前のことです。

日本は、第二次世界大戦後、米国との同盟を結んでいたわけですから、完全に米国陣営の一員でした。他方で、敗戦の経験から、軍事的役割を可能な限り小さくしてきました。そうしたなかで一九七〇年代に出てきたのが、「基盤的防衛力構想」でした。その背後には、ソ連をはじめとする共産主義勢力の脅威に直接対抗しようとするのではなく、日本が自ら力の真空になって地域の不安定要因にならないように、必要最小限度の防衛力を保持すべきだという国際政治認識が存在しました。

また、欧州で冷戦が終結したとき、西側の同盟だったＮＡＴＯが維持される一方で、東側の同盟であるワルシャワ条約機構は解体されました。ソ連も崩壊したわけですが、その結果、ＮＡＴＯとロシアの間に、どちらにも属さない諸国が誕生することになったのです。チェコ、ハンガリー、ポーランド、そしてソ連から独立したバルト諸国などでした。

それら諸国は、結局ＮＡＴＯに加盟することを、自らの意思によって選択しますが、第三イメージの観点では、同地域が力の真空になれば、地域の不安定を引き起こしてしまいかねないという事情もありました。ソ連が崩壊したとはいえ、ロシアは大量の核兵器を有する大国として残ったからです。

緩衝地帯ってなに?

「力の真空」は、不安定や侵略を誘発しないためにも避けるべきものとして捉えられることが多いわけですが、場所としてセンシティブすぎる場合には、あえてそのまま残され、対立する大国間の「緩衝地帯(buffer zone)」にされることもあります。大国主義の発想をさらに突き進めた姿です。

緩衝地帯という言葉自体は、戦力を引き離さなければならないような場合に使います。それが転じて、国家全体を「緩衝国家」とみなすような場面がしばしば登場するのです。この観点で近年もっとも激化しているのは、ウクライナをめぐる議論です。

NATOとロシアの間のパワー・バランスを重視する観点では、そのはざまに位置するウクライナは、まさに緩衝国家ということになります。そうした国家に、自分の将来を自ら決定する権利は認められず、「緩衝国家は緩衝国家らしく生きろ」ということになります。ウクライナがNATO加盟を目指すなど、もってのほかで、それはロシアへの脅威を高めるために望ましくないといわれてしまいます。

そして、この観点では、二〇二二年にロシアがウクライナに全面侵攻した最大の理由は、本来緩衝国家であるはずのウクライナが「身の程知らず」にＮＡＴＯ加盟を目指したからだ、という説明になります。脅威が耐えられないレベルに達する前に行動を起こすという「予防戦争」だと指摘されることもあります。ロシアは、ウクライナがＮＡＴＯに加盟することで、パワーバランスが自国に不利になるのを防ぐために戦争をはじめた、という議論です。

たとえロシアからみたときに、そうした側面があったとしても、主権国家であるウクライナに侵攻してよい理由にはまったくならず、ロシアの戦争犯罪が軽くなることもないのですが、第三イメージの議論を個別の事例にあてはめていくと、こうした議論も成立することになります。実際、このようにウクライナを批判する論者もいます。そこでは、国家としてのウクライナの意思がかえりみられることはありません。

結局、大国のみに選択肢が存在し、それ以外の国は、それに従うしかないという話になりがちなわけです。大国にとっては都合のよい議論かもしれません。

しかし、大国を批判するだけでも問題は解決しません。というのも、国際関係が大国主導になること自体は自然だからです。小国の利益が踏みにじられると聞くと反発するかもしれませんが、常に大国が不利益をこうむり、小国主導の秩序が存在するとしたら、それもおかしな世界ですし、大国の不満が爆発してしまいそうです。

それでは、平和で安定的な世界にはなりそうにありません。第三イメージにそって考えれば、大国の利益を認めることと、大国の横暴を制御することの均衡点をみつけることが、秩序の安定への鍵になるということです。

繰り返しになりますが、第一・第二・第三のそれぞれのイメージは、どれかが正解なわけでも、どれか一つを選択しなければならないものでもありません。それぞれのイメージでみえてくるものが異なる以上、目的に応じて使い分けることが重要です。同時に、国際ニュースをみるときに、自分がどのような視点に立っているかを意識すれば、漠然とニュースをみているのとは異なる理解と視角がえられるはずです。

第二部

何から何をいかに守るのか

第二部では、安全保障を体系的に理解するための方法をさらに考えます。とはいっても、安全保障というだけでは漠然としていますよね。何となく、戦闘機や戦車といった軍事のことを思い浮かべる人もいるかと思います。しかし軍事は、安全保障という「目的」のための「手段」です。

安全保障で中心になるのは「守る」ということです。陸上自衛隊のキャッチコピーは「守りたい人がいる」です。ここでいう「人」には、家族や地域の人々に加えて、日本の自然や文化も含まれると説明されています。この本では、より体系的に、「何から」「何を」「いかに（何によって）」そして「誰と」守るのか、について順番にみていくことにしましょう。これが安全保障の基本です。

「何から」は、対処しなければならない脅威などのことです。そして、「何を」は、守るべきもの、つまり利益です。そして、「いかに」は、そうした利益を守るための手段です。

まず第四章では、我々が直面する脅威や挑戦を考えます。いいかえれば、地域や世界でどのような問題が発生しているのかということです。ロシアによるウクライナ全面侵攻は、日本でも大きく報道されました。隣国が攻めてくるというのは、もっとも明確な脅威です。

それ以外にも、たとえば日本のすぐ近くに位置する北朝鮮は、核兵器やミサイルを開発しています。あるいは、国際テロの脅威も存在します。これらの問題に対処しなければなりません。これが安全保障に関する議論の出発点になります。

そのうえで、第五章では、「何を」守るのかを考えます。国という観点では、「国益」です。国益には何が含まれるでしょうか。また、国の防衛や安全保障のみならず、生命や財産を守るという、私たち一人ひとりにとっての安全も重要です。

続く第六章では、「いかに（何によって）」守るのかという観点から、軍事力について考えます。自衛権の問題を含め、軍事力の目的について触れたうえで、軍事力の分類や意味などについてみていきます。

第七章では同盟を扱います。これは「誰と」守るのかという問題です。日米同盟やNATO（北大西洋条約機構）などの名前は聞いたことがあるでしょう。同盟は、二つ以上の国家が協力して防衛し合うための枠組みです。自分の国を自分で守れればよいかもしれませんが、すべての国にそれはできません。そのため、助け合うための仕組みの一つとして同盟があるのです。

第八章では、核兵器について考えます。これは、名前のとおり兵器ですから、第五章で取り上げる軍事力の一部です。しかし、それ以上の意味を持っているのが核兵器です。というのも、核兵器は、実際に戦場で「使うため」の兵器であると同時に、「使わない」、あるいは「使わせない」ための兵器という要素が大きいからです。どういう意味でしょうか。

第二部は、これらの議論を通じて、「何から」「何を」「いかに」そして「誰と」守るかという安全保障の基礎的な視点を持てるようにすることが目的です。ここまで分かってくると、戦争と平和の問題がより体系的に浮かび上がってくるはずです。

第四章　「何から」守るのか——脅威

安全保障とは？

安全保障について考えなければならないのは、それを確保することが重要だからです。「何を」守るのかについては次の章で考えますが、そもそも安全保障とはなんでしょうか。

英語のsecurityが「安全保障」という日本語になっているのですが、それ以外に、たとえば安全や安心といった言葉も、安全保障と重なる部分がありそうです。安全保障は、言葉のうえからも、安全（secure）である状態を指すといえます。

だとすれば、それは平和ということでしょうか。そうかもしれませんが、平和という言葉を前面に出すか、安全保障という言葉にするかについては、実はさまざまな論争があります。ここでは深入りせず、戦争と平和の問題を合わせたものが、安全保障の問題だということにしましょう。

平和は誰にとっても大切ですが、そのためには戦争を防ぐ必要があり、それには戦争への備えが不可欠だと考えれば、戦争と平和を分けて理解するわけにはいきません。そして、国家や人間にとっては、安全が必要であり、それをいかに確保するかが課題になるのです。

みなが安全を願いつつ、それがなかなか簡単には実現しないのは、他国、他人の安全を脅かす国や人が存在するからです。あるいは、たとえば土地や資源という有限のものを取り合う構図になった場合、相手を脅すつもりがなくても、結果として対立関係におちいることもあるでしょう。そのためにも備えが必要なのです。

脅威や危険が存在しない状態を安全（保障）と呼ぶことも可能ですが、脅威や危険が存在すること自体は避けられないとすれば、国家（そして人間）にとっての安全保障は、そうしたものに対処することを含むと考える方がよさそうです。つまり、脅威が存在すれば安全ではない、のではなく、脅威に適切に対処することで安全にすることができるのです。

このことは、リスクに対する姿勢にも通じます。世の中のリスクをゼロにすることはできません。しかし、リスクに適切に備えることで、受け入れ可能なレベルのリスクにする、つまりリスクを管理することは可能です。車に乗るときにシートベルトをすることや、自転車に乗るときにヘルメットをかぶることなどは、まさにリスク管理です。

安全保障上の脅威も、日常生活のリスクも、ゼロにできるものではないため、適切に対処する必要があるのです。脅威やリスクとの共存といい換えてもよいかもしれません。安全保障を考えるときには、これが出発点になります。

脅威を考える

国家や人間を守るにあたって、その対象としてまっさきに思い浮かぶのは「脅威(threat)」という言葉でしょうか。安全保障の世界では、脅威以外に、「挑戦(challenge)」という言葉もよく使われます。程度としては、脅威の方が挑戦よりも深刻度が上だとされます。

脅威は、「能力」と「意図」をかけ合わせたものです。どちらかだけでは脅威になりません。ここでいう能力は、ミサイルなどの軍事力として捉えると分かりやすいと思います。どれだけ隣国を侵略する意図があったとしても、そのための能力がなければ侵略することはできず、脅威にはなりません。

逆に、能力があったとしても、侵略する意図がなければ脅威になりません。たとえばもし米国が日本を攻撃しようと考えれば、それを可能にする能力はいくらでもあります。しかし、米国は日本の同盟国であり、日本を攻撃する意図がまったくありません。ですから、脅威ではありません。

北朝鮮の軍事力は、米国と比べればわずかなものですが、日本を攻撃する意図を有しているとみられるために、脅威になるのです。同じミサイルでも、意図次第で脅威になったりならなかったりするのです。同じ拳銃でも、警察官の持っているのと強盗犯や殺人犯が持っているのとでは意味が違いますね。

ちなみに、日本は、国家安全保障戦略や防衛白書などの政府文書で、中国のことを「脅威」だとは認定していません。中国の軍事的能力は増大し続けているものの、日本への侵略を含む敵対的意図が必ずしも明確ではないためだとされています。これには異論もありますが、核兵器やミサイルで日本を日頃から脅している北朝鮮とは違うという

【表1】安全保障のしくみ――「守る」

何から	・侵略 ・力による現状変更 ・国際テロ ・ハイブリッド戦争 ・自然の脅威
何を	・領土、国民の命 ・経済 ・価値
いかに・誰と	・軍事力（核兵器、通常兵器、軍隊） ・外交 ・同盟

立場なのです。ある国を「脅威」だという場合、そこには、「攻撃意図を持っている」という要素を含むため、脅威と呼ぶかどうかは、政治や外交の問題にもなります。

「力による現状変更」

そうした「脅威」となる国が試みる懸念があるのが、第三章でも取り上げた「力による現状変更」です。具体的には、武力やその他の強制的手段による国境線の変更や領土の拡張を指します。そうした行為は、ロシアによるウクライナ全面侵攻などにみられるように、国際関係では珍しくないと思うかもしれません。国際社会は、国家より上位の権威が存在しないという意味でアナーキー（無政府）だといわれます。

しかし、領土拡張など、国境線の変更を一方的におこなってはならないのが国際社会の決まりです。国際連合憲章第二条は、次のように規定しています。

（第三項）すべての加盟国は、その国際紛争を平和的手段によって国際の平和及び安全並びに正義を危《あや》うくしないように解決しなければならない。

（第四項）すべての加盟国は、その国際関係において、武力による威嚇又は武力の行使を、いかなる国の領土保全又は政治的独立に対するものも、また、国際連合の目的と両立しない他のいかなる方法によるものも慎まなければならない。

つまり、武力の行使は禁止されているのです。国連に加盟しているすべての国は、これを受け入れているわけで、守る義務を負っています。二度の世界大戦の経験をもとに、国際社会はここまでたどり着いたのです。

日本国憲法第九条一項による「戦争放棄」を、日本に特殊なものとして教えられた人も多いかもしれません。しかし、国連の加盟国、つまり世界のほとんどの諸国は、国連憲章によって、武力の行使、さらには武力による威嚇も「慎まなければならない」のです。ここではこれ以上立ち入りませんが、日本国憲法が特殊だとすれば、それは、「戦力の不保持」を規定した第九条二項です。これは、日本のような主要国では他に例がありません。

武力行使の禁止という国連憲章上の義務がありながら、残念なことにこれを守らない国が存在するために、各国はそうした事態への対応を迫られるのです。「世界では戦争がおきてあたり前」という単純な話ではないのです。

国際秩序への挑戦

領土を守るという場合、沖縄本島のさらに南西に位置する尖閣諸島《せんかくしょとう》であっても、ほかの離島などであっても、個別の領土の防衛という問題に聞こえるかもしれません。しかしそれは、力による現状変更に反対するという観点で、国際秩序に対する挑戦への対処です。つまり、力による現状変更がまかりとおるような世界であって欲しくない、ということです。「国際秩序がかかっている」のです。

世界には、力による現状変更がまかりとおるような世界の方がよいと考える国もあります。ウクライナに全面侵攻したロシアはその一つです。強い国が弱い国を従わせる、弱い国は強い国のいいなりになる。大きな軍事力を持ち、それを使うことが比較的容易な国にとってはそれが好都合です。自らの要求が実現する可能性が高くなるからです。

それに対して、そうした立場にない多くの国にとっては、世界が弱肉強食のジャングルであると困るのです。日本もそうした国の一つです。だからこそ、容易な目標ではありませんが、「ルールに基づく国際秩序」を維持することが、国益の観点で死活的に重要になるのです。国際秩序は決して単なるお題目ではないのです。

こうした、国際秩序全体のあり方をめぐるような主要国間の大きな対立を「戦略的競争」と呼ぶことがあります。たとえば昨今の米国と中国との関係です。ロシアは中国ほど大きな存在ではありませんが、ウクライナ全面侵攻など、軍事力によって国際秩序に直接に挑戦していることは明らかです。

国際テロの脅威

脅威としては、潜在的敵対国が持つミサイルなどの兵器と攻撃意図がもっとも分かりやすいと思いますが、国家以外のアクターが脅威になることもあります。代表例はテロ組織です。二〇〇一年九月一一日に発生した「九・一一テロ」については聞いたことがあるでしょうか。テロリストに乗っ取られた旅客機が、米国のニューヨークの象徴にもなっていた世界貿易センタービルに突入し、超高層ビルが倒壊しました。首都ワシントンでは、国防総省（ペンタゴン）の建物に旅客機が突入し、ペンシルヴァニア州では飛行機が墜落した事件です。合計で三〇〇〇名以上が犠牲になりました。

これを引き起こしたのは、アフガニスタンに本拠地を置いていた、「アルカーイダ」と呼ばれる国際テロ組織です。当時アフガニスタンを支配していたタリバン政権は、アルカーイダをかくまい、国全体が「テロの温床」になっていたのです。

この九・一一事件を受けて、世界は「テロとの戦い」の時代に入ります。米国を中心に、英国などが加わった諸国は、タリバン政権の排除を目的に、アフガニスタンへの軍事作戦を実施しました。タリバン政権の排除はすぐに実現したのですが、アフガニスタン全土を安定化させることは結局できないままに、二〇二一年には米国などの部隊は撤退することになり、タリバン政権が復活しました。

アルカーイダ以外にも、シリアやイラクで領域支配を試みた「イスラム国」、二〇二三年一〇月にイスラエルを攻撃し、多くの犠牲者を出した「ハマス」など、世界にはさまざまなテロ組織が存在しています。イスラム教の場合に顕著であるように、宗教的な原理主義がテロに結びつくことも少なくありません。

ハイブリッド戦争とは？

また、ハイブリッド戦争（hybrid warfare）への懸念も高まっています。これにはさまざまな定義がありますが、正規軍による武力行使にいたらない、それよりも下のレベルでのさまざまな活動を指すことがほとんどです。

具体的には、サイバー攻撃やディスインフォメーション（偽情報の意図的な流布《るふ》）などが含まれます。偽情報を含む情報を手段とした戦いは「情報戦」とも呼ばれますし、さらに、人間の脳などの認知機能に直接影響をおよぼそうとする「認知戦」も懸念されています。

ハイブリッド戦争への関心がいっきに高まるきっかけになったのは、二〇一四年三月に起きた、ロシアによるクリミアの一方的併合でした。クリミアは、ロシアの隣国であるウクライナの一部だったのですが、ロシアは、国籍を隠した部隊による侵入、放送局などを通じた一方的な情報の発信、サイバー攻撃などによってクリミアをロシア側に寝返らせ、一方的に「住民投票」なるものを実施し、ロシアへの違法な併合を強行したのです。

これは、ハイブリッド戦争の典型的な事例になりました。というのも、ロシアは武力行使なしに領土の奪取を実現してしまったからです。戦闘は起きませんでしたし、犠牲者もほぼゼロでした。これは、「既成事実化作戦」とも呼ばれます。ウクライナ、あるいは国際社会が対処する前に、現場では新たな現実が誕生してしまったのです。

ただし、ハイブリッド戦争を、実際の武力行使とは異なるものと切り分けることもできません。というのも、武力行使と同時にサイバー攻撃や偽情報の流布などがおこなわれる可能性があるからです。実際、たとえば二〇二二年二月からのロシアによるウクライナ全面侵攻では、武力行使と並んでサイバー攻撃が多くおこなわれてきました。

加えて、ハイブリッド戦争は、武力行使の前触れである場合もあります。そのため、ハイブリッド攻撃だからといって、甘くみてはいけないのです。実際、各国は、たとえばサイバー攻撃であったとしても、攻撃や被害の規模次第では「武力攻撃」とみなし、自衛権を発動する可能性があるという立場をとるようになっています。

ただし、何をもって武力攻撃と同等とみなし、自衛権発動が可能になるのかに関する線引きは、非常に難しい問題です。たとえば、一定数以上の犠牲者が出ることが要件でしょうか。なかなか結論が出ません。

自然の脅威

これまでは、国や人がつくり出す問題について議論してきましたが、自然現象も安全保障上の脅威になります。地震や津波、台風などによる災害が発生すれば、人々の生活が破壊されるとともに、規模が大きい場合には、国家自体が危機的状況に置かれることも考えられます。

二〇二二年一月に南太平洋の王国・トンガの沖合いで発生した海底火山の噴火では、

トンガ全土が停電し、インターネットを含めた通信が完全に遮断され、しばらくは被害の状況がまったく分からないような状況になりました。まさに国家の危機です。

また、地球温暖化（気候変動）の影響で、水位が上昇することで、物理的に存亡の危機に瀕《ひん》している国もあります。南太平洋のツバルは、国土のほとんどが海抜一メートルから二メートルです。そのため、温暖化によって海水面が上昇することは、国家にとって、他国による侵略以上に、差し迫った脅威なのです。

気候変動の影響は、海水面の上昇だけではありません。異常気象による集中豪雨の増加も気候変動によるものとされていますし、砂漠化などによって、水をめぐる争いが激化している地域もあります。国家の存続、そして国民の生活を守ることが、安全保障として最大の課題だとすれば、それを脅かすのは、国や人に限らないのです。

また、二〇二〇年からの新型コロナウイルス感染症には、皆さんも大きな影響を受けたと思います。これは自然災害とは異なりますが、発生自体は防げないという点で共通点もありそうです。感染症をめぐる安全保障も課題です。

ただし、本書では、まずは国際関係、安全保障の基本的な構造を理解することを優先するために、国家や人間による、人為的な脅威や挑戦に焦点をあてて議論を進めることにします。

第五章　「何を」守るのか――国益

国家の防衛

国際関係や安全保障を考える際の基本的な単位を国家――自らのことを自ら決めるという「主権（sovereignty）」を有することから、「主権国家」といいます――とした場合、「何を」守るのかについては、まず国家を守るということになります。国の防衛、つまり「国防」です。単に「防衛」ともいいますが、どちらも英語の defense です（national defense のように、national が付くこともあります）。あるいは国家安全保障（national security）ともいいます。

これらの違いは厳密なものではありません。語感として、「国」や「国家」が入っていると、人々よりも政府・国家を重視した言葉のように聞こえるため、避けたいという人々がいる一方、その方が頼りになりそうだというイメージで捉える人もいます。英語の national には、「国家の」と同時に、「国民の」という意味もあるため、言語的には、

nationalという言葉が入ったからといって、国民軽視で政府・国家中心になるとは限りません。

また、国家の安全保障と人間の安全保障を完全に対立的に捉える必要もありません。というのも、国民を守るのは第一義的にはその国の政府、つまり国家の責任だからです。したがって、「誰が」守るのかという観点では、個人ではなく国家が守るという部分が安全保障、国防の問題になります。

国家の安全が確保されていない状況では、国民を守ることもおぼつかなくなります。たとえばロシアに全面侵攻されたウクライナでは多数の民間人が犠牲になっています。国家が侵攻されているという点で、国家の安全保障の危機であると同時に、人間の安全保障の観点でも危機的な状態です。逆に、国民の安全が守られているとすれば、おそらく国家の安全も守られている状態です。

そのため、人間の安全保障の確保が、国家の安全保障とは別に求められるのは、国家が破綻したり、内戦状態などで国民の安全が損なわれたりしている状況か、国家が自らの安全は確保された状況で、自国内の特定の集団や地域を迫害しているようなときです。

そうした場合には、特定の地域やその住民を支援するための、国外からの人道的介入が議論されることがあります。

日本が示す国益

国家が守らなければならないものを、国の利益、つまり「国益」と呼びます。分かりやすいように、日本の例で考えてみましょう。二〇二二年一二月に発表された「国家安全保障戦略」という文書があります。これは、安全保障に関して日本政府が作成するもっとも重要な文書で、外交・安全保障の基本原則を示しています。

この文書は、日本の国益を三つに分けて示しています。以下、そのまま引用します。

①我が国の主権と独立を維持し、領域を保全し、国民の生命・身体・財産の安全を確保する。そして、我が国の豊かな文化と伝統を継承しつつ、自由と民主主義を基調とする我が国の平和と安全を維持し、その存立を全うする。また、我が国と国民は、世界で尊敬され、好意的に受け入れられる国家・国民であり続ける。

②経済成長を通じて我が国と国民の更なる繁栄を実現する。そのことにより、我が国の平和と安全をより強固なものとする。そして、我が国の経済的な繁栄を主体的に達成しつつ、開かれ安定した国際経済秩序を維持・強化し、我が国と他国が共存共栄できる国際的な環境を実現する。

③自由、民主主義、基本的人権の尊重、法の支配といった普遍的価値や国際法に基づく国際秩序を維持・擁護する。特に、我が国が位置するインド太平洋地域において、自由で開かれた国際秩序を維持・発展させる。

少し分かりにくい言葉が使われているかもしれませんが、①は領域（領土）防衛、国家としての存立、②は経済的な繁栄の維持、③は価値を守ることに焦点をあてたものです。この三点は、日本以外の国の安全保障を考える際にも普遍的に重要ですので、これらを出発点にしてみていきましょう。

また、「何を」守るのかを別の言葉でいえば、「国力」ということです。国力とは、国が有する力（パワー）の総体です。それには、領土、国民（数と質）、軍事力、経済力、技術力、政治力、外交力など、さまざまなものが含まれます。安全保障を考えるにあたっても、軍事力のみが重要なのではない点は、あらかじめ強調しておきたいと思います。

領土を守る

そのうえで、まずは領土です。第二章で触れたように、国家には領土があります。「領域」といった場合には、領土自体に加えて、領海（原則として海岸線から一二海里）と、領土・領海の上空である領空が含まれますが、いずれにしても、守るべき地理的範囲が存在するわけです。

ただし、隣国との間で境界線が確定していない場合や、同じ土地をめぐって複数の国が領有権を主張し、争い（領土紛争）になっている場合も少なくありません。日本の場合は、北海道の北東に位置する北方領土（択捉島《えとろふ》、国後島《くなしり》、色丹島《しこたん》、歯舞群島《はぼまい》）が代表例です。それらの島々ではロシアによる占領が続き、日本は返還を求めてきましたが、実現していません。

こうした場合に重要になるのは、どこが実効支配をしているかです。法的には「施政権」という言葉が使われることがあります。立法・行政・司法といった国としての基本的な権限の行使を指します。領有を主張していたとしても、そこがその国の「施政の下」になければ、実質的には国内と扱うことは難しくなります。

日本が武力攻撃を受けたときの、米国による日本に対する支援を約束した日米安全保障条約第五条は、「日本国の施政の下にある領域における、いずれか一方に対する武力攻撃」を、対処する対象と規定しています。

つまり、たとえ「固有の領土」だったとしても、日本の「施政の下」にない領域、たとえば、北方領土や、韓国に占領されたままの竹島などは、日米安全保障条約の対象外だということです。他方で尖閣諸島《せんかくしょとう》は、中国（と台湾）が領有権を主張していますが、日本の「施政の下」にあるため、日米安全保障条約も適用されることになっています。

領土を守るにあたって、もっとも直接的な役割を果たすのは軍事力です。侵攻を撃退したり、領土を占領されてしまった場合に奪還を試みたりするために、軍事力が必要であることは明らかです。しかしそれ以前に、離島を含めた領土を守る意思と能力を示すことによって、相手に、「攻撃しても領土を奪えない」、あるいは「反撃されて負ける」

と思わせ、敵対国の行動を未然に防ぐことが何より重要になります。これが抑止です。詳しくは第九章で考えます。

また、領土に関していえば、面積が大きい国も小さい国もありますが、歴史上の主要国の多くは一定以上の面積を有していました。しかし、面積の大きさがそのまま国力になるわけではありません。気候がよいことや土地が肥えていること、さらに海運などの観点でよい場所にあることなども重要です。また、大きすぎる国土は守るのも大変になります。こうした地理的条件に着目して国家の傾向を論じるのが、このところ日本でも関心の高まっている「地政学（geopolitics）」という学問です。

経済を守る

安全保障は、領土を守っただけでは完結しません。経済の繁栄は、安全保障上も重要です。というのも、経済力は国力の重要な部分を占めているからです。必要な防衛力を整備するためにも、経済的基盤が必要であることは明らかです。

各国の経済の大きさは、通常、国内総生産（ＧＤＰ）で示されます。二〇二四年現在は、米国が一位、中国が二位です。日本は長らく米国に次ぐ二位の座にありましたが、中国に抜かれ、また、最近ではドイツにも抜かれて四位になっています。もちろん、GDPのみで経済力をはかることはできません。技術力も重要ですし、イノベーション（革新）を起こす力も不可欠です。

経済がガタガタだと、国を守ることも手薄になってしまいます。防衛費を削減しなければならないかもしれません。また、経済が不振になれば、国内で不満が高まったり、社会が荒れたりすることも考えられます。そうすると、敵対勢力にとっては、国内の不安定を促すような工作もしやすくなります。国・社会としての脆弱《ぜいじゃく》性が高まってしまうのです。

さらに、国民が飢餓におちいらずに食べていけることは、人間の安全保障のもっとも基本的な条件です。そして歴史上、「国民を食べさせる」ことは、国家にとって決して容易な目標ではありませんでした。食糧が不足すれば国民の不満は高まり、不満や批判は政府に向かうのです。これでは国家を安定化させることもできません。国力を高めるにはある程度の人口が必要ですが、食糧が不足する場合、人口の多さは不安定の原因に

【表2】面積、人口、GDP、国防予算の上位５カ国

	面積（平方キロ）	人口（人）	GDP（億ドル）	国防予算（億ドル）
１位	ロシア 約17,090,000	中国 14億2,589万	米国 273,609	米国 9,160
２位	カナダ 9,984,670	インド 14億1,717万	中国 177,948	中国 2,960
３位	米国 9,833,517	米国 3億3,829万	ドイツ 44,561	ロシア 1,090
４位	中国 9,600,000	インドネシア 2億7,550万	日本 42,129	インド 836
５位	ブラジル 8,510,346	パキスタン 2億3,583万	インド 35,499	サウジアラビア 758
日本の順位	61位 約378,000	11位 1億2,495万		10位 502

注：各国の名称は通称名を使用、数字は単位未満四捨五入
面積・人口は外務省 HP（https://www.mofa.go.jp/mofaj/kids/ichiran/number.html）より、GDP は外務省資料（https://www.mofa.go.jp/mofaj/files/100405131.pdf）より、国防予算は SIPRI（ストックホルム国際平和研究所）のデータ（https://www.sipri.org/sites/default/files/2024-04/2404_fs_milex_2023.pdf）より

もなりえるのです。

経済力と軍事力

そのうえで、経済力と軍事力の関係を考える必要があります。歴史上、世界の大国のほとんどは、経済大国でもあり、それは技術大国でもあったのです。大国であるために軍事力が重要な指標だったことは事実ですが、強大な軍事力をつくるには、それを可能にする経済力、なかでも特に財政力が不可欠ですし、兵器生産のための産業力、技術力も欠かせません。

歴史を振りかえれば、経済で成功した国が軍事的にも大国になっていくケースが多いことに気づきます。一八世紀から一九世紀の英国、二〇世紀の米国、ドイツ、日本、ソ連、そして二一世紀の中国やインドなどです。ソ連は結局崩壊するものの、それでも、一九五〇年代、六〇年代の発展は目覚ましいものがありました。

もっとも、日本とドイツの場合は、二〇世紀前半に軍事大国として台頭したのち、第二次世界大戦での敗戦によって、国家としての方向を大転換し、二〇世紀後半の両国は、経済で台頭しながら、軍事的には抑制的な姿勢を保つことになりました。これらは、経済大国が軍事大国にならなかった珍しい事例です。逆に、経済的基盤がないなかで軍備を増強するのは容易ではありません。

それでも強引に進めようとすると、北朝鮮のように、国民の生活が犠牲にならざるをえません。あるいは、日米戦争（第二次世界大戦）に関しても、経済力・技術力の圧倒的な米国優位という構造を踏まえれば、日本にとっては無理な戦いだったという評価になります。

経済安全保障の時代

このように経済が安全保障の基礎になると考えれば、経済問題を考えるにあたって、安全保障上の考慮が必要になることも不思議ではありません。近年では、「経済安全保障（economic security）」という言葉が広く使われています。外交・安全保障を視野にいれた経済・技術に関する領域です。

具体的には、たとえば、武器の製造にも役立つ先端技術が、いかに潜在的敵対国に漏れないようにするかという、輸出管理の問題です。そこでは情報の保護も重要になります。技術を制するものが世界を制するのだとすれば、それらをめぐる競争が激しくなることは驚くべきことではありません。

重要な技術の流出を防ぐことに加えて、原材料や部品の供給、そしてそれらの加工のルートという、いわゆるサプライチェーンの安全をいかに守るかも、経済安全保障の重要な柱です。この重要性があらためて浮き彫りになったのは、新型コロナウイルスが一つのきっかけでした。

マスクのような、製造に高度な技術を必要としない日用品も品不足になったほか、ワクチンは世界中で争奪戦になりました。また、感染症と関係がないようにみえる電子部品なども、各国で製造や輸出入手続きなどが滞ったために、品不足におちいりました。その結果、たとえば、自動車の製造も世界中で遅れたのです。

さらに、特定の国からの特定の産品の輸入を制限したり、特定の国への重要物資の輸出を制限したりするといった「経済的威圧」も問題になっています。経済的打撃を与えることで、相手国に政策変更を強いることが目的です。中国によるオーストラリアからの石炭やワインの輸入停止や、同じく中国による、日本へのレアアースと呼ばれる希少鉱物の輸出停止などが有名な事例です。そうすることによって、相手国に政治的圧力をかけるのです。こうした措置への対応も、経済安全保障の重要な課題です。

価値を守る

領土と経済を守れば、だいぶ平和や幸せに近づきそうですが、それだけでは不十分なのが人間です。というのも、やはり精神的な部分が確保されなければならないからです。国が侵略されず、生命や財産が守られても、満足とはいかないのです。人間には、自らの価値や信条のもとで暮らしたいという願望があるのです。それは、自由に生きるということでもあります。

外国勢力の占領下ではこれが難しいことは想像がつくと思います。そのために、国家の「独立」が重要なのです。民族自決権という言葉を聞いたことがあるでしょうか。これは、植民地主義の時代を乗り越えるにあたって重視された考え方です。どの単位で自決すべきかは難しい問題ですが、他の民族に支配されるのではなく、もっとも簡単にいえば、「自分たちのことは自分で決める」「そのために国家を持つ」ということです。植民地の独立はその象徴でした。

そのうえで、普遍的価値とされているのが、先ほど触れた日本の国家安全保障戦略でも言及されている、自由、民主主義、基本的人権の尊重、法の支配などです。日本人が日本人らしく生きたいときに、やはりこれらを欠かすことはできないということです。

これは、国民としてどのような生活がしたいか、どのような国でありたいかという、我々にとっての根源的問題です。これを守るのが安全保障の重要な柱だとすれば、その延長線上にあるのは、必要であればこれらの価値のために戦うということでもあります。

世界では、外国の支配や国内の専制君主、独裁者などから、独立戦争や革命を起こして、文字どおり血を流してこうした価値を勝ち取った例が少なくありません。有名なフランス革命は、専制君主制を打ち倒して、自由・平等・博愛という、今日にいたる原則を打ち立てました。米国の独立宣言と合衆国憲法も同様です。国の基盤に価値が位置づけられているのです。

占領されるとはどういうことか

そうした背景があれば、自由や民主主義、人権などが、命をかけてでも守らなければならないものだと考えられることも理解できると思います。たとえばロシアの全面侵攻を受けたウクライナです。ロシア軍に抵抗すればするほど、犠牲者が出ることは明らかでした。しかし、犠牲者を出したくないからといって、無抵抗でロシアによる支配を受け入れたらどうなったでしょうか。

学校教育を含めて社会がロシア化され、ウクライナのアイデンティティが奪われるのです。子供を含めた多くのウクライナ人がロシアに連れ去られています。連れ去られた先では、子供たちはロシア語の学習を強制され、ロシア人として育てられるのです。それでは耐えられないと考えたために、犠牲を承知で戦うことになったのです。降伏すれば平和がやってくるのではないという判断でした。

ただし、政治は結果責任ですから、最終的に抵抗のコストが大きすぎたと判断されれば、ゼレンスキー政権のやってきたことは批判されることになります。

占領される経験という点で、第二次世界大戦後の日本人(および西ドイツ人)の敗戦・

降伏と、米国を中心とする連合国による占領は、世界の歴史のなかでも稀《まれ》なほどに幸運だったといえます。自由や平等、人権、民主主義といった価値が、米国の影響力のもとに実現し、経済発展の基礎が築かれたからです。

戦後、当時のソ連（現在のロシア）に占領された地域では、共産主義政権がつくられ、それに従わない人たちは容赦なく弾圧され、一部は処刑されたりシベリア送りになったりし、工業生産に使える設備などは根こそぎソ連に持っていかれたのです。

ただし、価値のために戦うかどうか決めるのは、最終的には国民自身です。侵略者に抵抗しないで降伏し服従するという選択肢も当然あります。さまざまな妥協をしなければならないのも現実の一部です。希望がすべてとおるわけではありません。小国にとっては特にそうです。それでも、国家や国民を守るとは、どのような暮らしをしたいのかという、人間にとっての根源的問題だという点は、あらためて認識する必要があります。

第六章　「いかに」守るのか――軍事力

軍隊は戦争するために存在するのか？

「何を」「何から」守るかの次は、「いかに（何によって）」守るかです。つまり、手段についてです。もちろん、何を何から守るかによって、必要な手段は変わってきます。そのため、さまざまな手段が必要なのですが、外国による武力攻撃から国を守るという究極の状況を考えた場合、不可欠な柱になるのは軍事力です。それがなければ領土のみならず、国民の命も守ることができません。

そもそも戦争が起きないように外交努力をする必要があるのはもちろんです。しかし、それでも、侵攻される場合があるのです。そのとき、飛んでくるミサイルや戦闘機、爆撃機を撃ち落とすためには防空システムが必要ですし、海を守るためには艦艇が必要です。そして、国境を越えたり上陸したりして侵攻してくる部隊に立ち向かうには、やはりこちら側にも陸上部隊が必要です。これらは、通常、軍隊と呼ばれるものです。日本では「軍」という言葉が避けられ、自衛隊と呼ばれていますが、これについてはまたあとで説明します。

ともあれ、軍隊が戦争のために存在することは否定できません。より正確にいえば、「戦争を起こさせないため」なのですが、残念ながら防げなかった場合には「戦うため」に役割が切り替わります。これができないようでは軍隊の意味がありません。

「汝《なんじ》平和を欲さば、戦への備えをせよ（平和を求めるのであれば、戦争に備えよ）」は、ローマ時代からのラテン語の有名な警句です。これは今日の世界にもあてはまります。

日本では、自衛隊が災害救援のための組織であるかのようにいう人もいますが、それは正しくありません。自衛隊の能力が、災害救援にも活用可能だということであって、そのために存在しているのではありません。もっとも重要な役割――「主たる任務」と呼びます――は、あくまでも領土の防衛です。それが唯一できる実力組織が自衛隊なのです。

自衛権とは？

国連憲章が武力による威嚇と武力の行使を禁止していることは第四章で触れました。これにすべての国が従うのであれば、軍事力は不要になるはずです。しかし、それに違反する国があるために、備えが必要なのです。

そして国連憲章自体、武力行使をおこなってしまう国が出ることを想定しています。そのような場合には、ほかの加盟国が一致して侵略行為などに対処するのが国連の理念です。これを「集団安全保障（collective security）」と呼びます。このために国連軍が組織されることなどが、国連憲章に規定されています。しかし、これは結局実現していません。これは当初からある程度見通されていたために、各国が独自に自国を守ることが認められました。

それが自衛権です。国連憲章第五一条は、国家「固有の権利」として、個別的自衛権と集団的自衛権を認めています。個別的自衛権とは、自国が攻撃されたときに、自国を守るために行動する権利のことです。集団的自衛権は、他国が攻撃された際に攻撃された国を助けるために行動することです。集団的自衛権については、同盟について考える第七章でより詳しく扱います。

武力による威嚇や武力行使が国連憲章で禁止されていたとしても、それを破って侵攻してくる国があったときに、それに抵抗し反撃することができるのは当然です。

ただし、自衛権を拡大解釈してはなりません。というのも、世界の歴史では、自衛戦争として始められた侵略戦争の例は少なくないからです。そのため、合法的な自衛権行使には、必要性や均衡性など、さまざまな歯止めが存在するのです。

二〇二三年一〇月七日のハマスによるイスラエルでの大規模テロを受けて、イスラエルは、ガザ地区に対して大規模な軍事作戦を実施し、一年で四万名以上がすでに犠牲になっているといわれます。テロ行為に対する自衛権の行使だと説明されますが、二三年一〇月のテロでの犠牲者が約一二〇〇名とされているため、均衡性を逸脱していることは明らかです。戦争犯罪も数多く報告されています。

軍隊とは?

それでは軍隊とはどのようなものでしょうか。軍隊は、国家の機関として組織され、指揮命令にしたがって行動します。合法的に強制的な力を行使することが想定された存在です。それが「実力装置」や「暴力装置」であるのは当然で、敵国を破壊する能力を有しています。人間を殺すことができるのも、隠すべきではありません。

実力装置としては、警察も存在しますが、警察は国内での法の執行や秩序・治安の維持が主目的です。それに対して軍隊は、外敵への対処が主眼になります。ただし、有事の際には両者の協力が必要なことはいうまでもありません。

軍隊がなぜ必要かについては、しばしば、「相手が軍隊を持っている以上、こちらも持っておく必要がある」と説明されます。だとすれば、「全ての国が軍隊を廃止すれば、自分も持つ必要がなくなる」のは事実です。しかし、廃止すると約束しながら廃止しない国が出てきたら対応できませんし、一度は廃止しても、すぐに復活させる国が出てくるかもしれません。それらを阻止できない以上、やはり最低限の備えをしておく必要があるというのが、現実的な結論なのです。

そうした備えは無駄に終わるかもしれませんが、こちらの備えがないときに侵攻されることのリスクとコストに照らせば、一定程度の軍備は必要な「保険」だと、多くの政府や国民は考えているわけです。

そして、そうした物理的な実力を有する組織であるがゆえに、徹底的に政府の管理下に置く必要があります。そこで強調されるのが「文民統制（シビリアン・コントロール）」です。軍が軍の判断で勝手に動いてはいけません。職業軍人ではない文民の指導者が軍を統制するのです。

「軍事クーデター」という言葉を聞いたことのある人がいると思います。これは、軍――トップを含む主要部分か、不満を持つ一部――が、大統領や首相などの時の政府を倒し、新たな政権を打ち立てることです。こうしたことの横行は許されてはいけませんが、軍隊は物理的な力を持つために、それが能力的には可能である点が重要なのです。

この点では、文民統制とともに、民主的統制も重要になります。軍隊は、民主的な選挙によって選ばれた政府に服するということです。大統領や首相が軍のうえに立つという指揮統制の部分も大切ですが、加えて、国防（防衛）予算の透明性と民主的説明責任を確保することも重要な要素です。議会でしっかり予算を審議するということです。

あたり前のように思うかもしれませんが、権威主義国家、独裁国家の多くで、軍の予算はいわばアンタッチャブルなのです。全体像は示されないままに、指導者の都合や思惑で動くことが少なくありません。

とはいっても、軍隊と聞いただけで危険視すべきではありません。途上国の一部では、軍隊がその国でもっとも近代的で合理的な組織だったりします。というのも、軍隊の能力を向上させようとすれば、効率的な組織である必要があるからです。そして、部隊の単位や組織の全体像などは世界で共通しています。軍の階級や幕僚組織などもかなりの程度統一されています。そのため、どの国の軍隊でも、組織名や階級で仕事の内容などがだいたい分かります。

そして、外敵への対処という軍の目的は、いいかえれば、国家と国民を守るということです。指導者個人を守るのではありません。指導者を守ることと国民を守ることとの間に矛盾が生じる場合、プロフェッショナルな軍隊は、国民を守ることを優先しなければなりません。独裁政権下で民主化を求めるデモが発生したときなどに、決断が迫られるのです。そのような場合に国民に銃口を向けるのであれば、それはもはや国軍ではなく、指導者の私兵です。

自衛隊は軍隊か

ここで、日本では若干厄介な問題に直面します。「自衛隊は軍隊なのか？」「自衛隊は合憲なのか？」といった問いの存在です。これらが問われるのは、第五章で触れた日本国憲法第九条二項に、「陸海空軍その他の戦力は、これを保持しない」という規定が存在するからです。「戦力」を「軍隊」だと読みかえれば、日本は憲法上、軍隊を保有していないはずだということになります。そして、自衛隊がそれらに該当するとすれば、違憲の疑いが強くなります。

国の重要な組織であり、国土と国民を守る砦《とりで》である自衛隊の基本的性質と、それが合憲か違憲かがずっと問われてきたのです。他の国では考えられない事態です。

こうした背景から、憲法にしたがえば、「自衛隊は軍隊ではない」という説明になります。そのため日本では、「軍」という言葉の使用をかたくなに避けるのです。戦力・軍隊にはいたらない「自衛のための必要最小限の実力」として自衛隊が存在しているという解釈です。

憲法前文は国民の「平和的生存権」に触れ、第一三条は「生命、自由及び幸福追求に対する国民の権利」を定めています。それらを踏まえ、日本の平和と安全を維持するという目的のために必要な自衛権は、第九条によっても否定されていないというのが政府の解釈で、そのための組織が自衛隊だという位置付けになります。

何とも複雑な話で、そうした論理は国内でしか通じません。そのため、自衛隊は、国際的には軍隊として扱われます。主権国家としての日本に軍隊が存在することは、国際社会としてあたり前にすぎず、何の問題もないからです。

さらにいえば、軍隊として扱わなければ、お互い困るのです。なぜなら、軍隊には国際法上、自衛権としての武力行使を含むさまざまな権利が認められていますが、同時に、国際人道法の遵守などの義務が存在するからです。自衛隊が軍隊でないとすれば、義務まで曖昧になりかねません。

ちなみに、階級や装備の呼び方も自衛隊は特殊です。通常の軍隊とは違うことを示すためです。たとえば各国で「大佐」と呼ばれる階級は、自衛隊では「一佐」になります。しかし、英語にすれば同じだったりしますので、これもやはり国内向けの整理にすぎません。

陸・海・空軍

多くの国で軍隊は、大きく三つに分かれています。陸上戦力としての陸軍（陸上自衛隊）のほか、海上、海中、そして海洋に関わる上空を含めた戦力としての海軍（海上自衛隊）、そして、上空を担当する戦力の空軍（航空自衛隊）です。これに、海軍ないし陸軍を基礎として、海兵隊のような第四の軍が存在する国があります。米国の海兵隊が最も有名でしょうか。

陸海空軍の境界線は分かりにくい部分もあります。というのも、陸軍もずっと地上にいるのではなく、物資や人員の輸送、さらには対地攻撃や偵察のためのヘリコプターを運用しますし、海軍もヘリコプターや哨戒機《しょうかいき》などの航空機を持っています。空母（航空母艦）に載せる戦闘機などの航空機（艦載機）も、多くの国では海軍が運用します。また、ミサイルは空を飛行するものですが、陸軍や海軍も多く運用しています。

それでも、当然のことながら、大まかな区別は可能です。目的に照らせば、地上で領土を守るのが陸軍、海で守るのが海軍、空で守るのが空軍です。陸軍の装備としては、戦車や各種の装甲車両、砲弾などが代表的です。二〇二二年からのロシアによるウクライナ全面侵攻では、戦車や砲弾の重要性があらためて示されました。塹壕《ざんごう》を掘って陣地を固めるといった旧来からの手法が、やはり有効だとされたのです。

ただし、日本のような島国で考えれば、地上戦がおこなわれるのは、すでに敵の上陸を許してしまっている状況です。その前に、着上陸を阻止するにあたっては、空と海を守ることが重要になります。空軍は、戦闘機のほか、輸送機、空中給油機、偵察機、管制機などを運用しています。

日本の航空自衛隊の場合、対領空侵犯措置という、領空に向けて飛来する航空機への対応が、通常時のもっとも重要な任務です。不審機をレーダーで発見するとすぐに戦闘機が飛び立ち、不審機を確認するとともに、領空に入らないように警告します。緊急に発進するために「スクランブル」と呼ばれます。また、日本が攻撃されるような有事では、敵の航空機や艦艇、さらには地上目標への攻撃などの役割を担うことになります。また、飛来するミサイルから拠点を守るための、パトリオットと呼ばれるミサイル防衛システムを運用しているのも、日本の場合は航空自衛隊です。

海軍（海上自衛隊）は、水上艦艇、潜水艦のほか、航空機として、艦艇に載せるヘリコプター、哨戒機や輸送機などを運用しています。水上艦艇は、洋上のパトロールはもちろんのこと、イージスシステムと呼ばれるミサイル防衛能力を搭載している艦艇（イージス艦）は、北朝鮮によるミサイル発射への対応として、ミサイル防衛任務にもあたっています。また、日本近海を航行する中国などの潜水艦をみつけ、監視するのも重要な任務です。これは対潜水艦作戦（対潜戦）と呼ばれます。

こうして、陸海空の部隊は独自の役割をもっていますが、それぞれがばらばらに行動してはならないことは明らかです。そこで重要になるのが「統合運用」です。陸海空の部隊を文字どおり統合して、単一の指揮の下で、互いの連携を確保するように運用することを指します。米国や英国などと比べて自衛隊での取り組みは遅れていましたが、徐々に進みつつあります。

また、軍（自衛隊）に加えて、主要国の多くには独立した海洋法執行機関が存在します。日本の場合は、国土交通省の傘下に、海上保安庁が存在します。その任務は、違法操業の取り締まりや領海の警備、海難救助、災害対策など、多岐にわたり、「海の警察」というべき存在です。東シナ海の尖閣諸島《せんかくしょとう》の周辺地域では、文字どおり二四時間休むことなく、中国側の政府船舶（公船）とにらみ合っています。海上保安庁と自衛隊との連携の重要性も上昇しています。

サイバー軍、宇宙軍へ

陸海空という伝統的な「ドメイン（領域）」に対して、新たなドメインとして注目されているのがサイバーと宇宙です。世界では、それらのために別個の軍や部隊を創設する動きが盛んです。日本の場合は、陸海空自衛隊にそれぞれサイバー関連の部隊がつくられ、また、宇宙に関しては、やはり航空自衛隊の活動に近いということで、傘下に宇宙作戦群が創設されました。航空自衛隊は、いずれ、航空宇宙自衛隊と改称される見通しです。

宇宙と安全保障に関しては、通信や偵察などで軍隊が人工衛星などに依存するため、その安定的な利用の確保と、宇宙空間の安全をいかに確保するかという二つの課題があります。

日本として課題が山積みなのがサイバー領域です。自衛隊を含めた世界中の軍隊は、まずは自らの情報ネットワークを防護する必要があります。加えて、サイバー分野での国防の観点から、政府の重要な情報インフラや、政府外でも、交通やエネルギーなどの社会インフラをいかに守るかも重要な課題です。ただし、それは自衛隊・軍隊のみの任務ではなく、各国がそれぞれに異なる態勢をとっています。

加えて、近年関心が高まっているのが能動的サイバー防御と呼ばれるもので、つまり、サイバー領域での攻撃能力のことです。攻撃され、自らのシステムへの侵入を許してから対処するのではなく、その前の段階で、攻撃を未然に排除し無力化することが目標になります。サイバー防衛のためには、相手のやり口を知る必要があり、それはまさに攻撃能力なのです。

ただし、口でいうのは簡単ですが、サイバー分野での日本の能力は、米国はもとより、英国や豪州などと比べても遅れていると指摘されることが多く、能力の向上が喫緊の課題になっています。二〇二二年一二月の国家安全保障戦略は、「サイバー安全保障分野での対応能力を欧米主要国と同等以上に向上させる」との目標を明記しました。つまり、現段階では同等ではないことを政府自身が認めているのです。

武器の貿易は悪いこと？

話題を再び伝統的な分野に戻し、武器・防衛装備品はどこから来るのでしょうか。自国の軍隊が必要とする装備品のすべてを、部品を含めて国内で生産できる国は存在しません。軍事大国である米国やロシア、中国も例外ではありません。また、世界のなかで、主力戦車を製造できるのは、米国、ロシア、英国、フランス、ドイツ、日本、中国、韓国、インドなどに限られます。戦闘機の製造もほぼ同じ諸国に限られます。しかし、戦車や戦闘機を必要とする国はこれよりもはるかに多いのです。

武器輸出に関しては、戦争でお金儲《もう》けをしているという観点で、「死の商人」といういわれ方がされ続けてきました。紛争を契機に儲け、そして、商売を拡大し、利益をあげるために新たな武器を売りつけている、さらに、紛争の拡大や長期化を陰で促しているとすれば、まさに死の商人でしょう。実際、戦争で巨万の富を築いた個人や企業の例は少なくありません。

ただし、武器輸出すべてが「悪」なのでしょうか。輸出が悪だとすれば、輸入も悪だということになります。買うのが良くても売るのはダメというのでは、売買が成立しないからです。ちなみに日本も多くの装備品を米国などの海外から購入しています。輸出が悪だとすれば、自国生産できない国は諦めるほかなくなります。それでは、自らを守る手段がなくなってしまう国が出てきてしまいます。持てる国のみが自国を守れるとしたら、それは公正でしょうか。

武器があるから戦争が起きる?

そうはいっても、「武器があるから戦争が起きる」のか、「戦争が起きるから武器が必要」なのかという問題についても考えておく必要があります。卵が先か鶏が先かという問題です。どちらかが百パーセント正しいということはなく、どちらの要素もあるのが現実です。

反軍主義的立場からは、当然「武器があるから戦争が起きる」と主張され、戦争を防ぐには、武器の供給を停止すればよい、ということになります。武器がなければ、戦争に訴えることが不可能になるか、戦争になったとしても小規模なものにとどまる可能性が高くなると主張することはできそうです。

他方、この章の冒頭で触れたように、軍事力の最初の目的は、武力攻撃を阻止すること、つまり抑止です。武力攻撃をくわだてる勢力がいるために備えておく必要があるのです。「力による現状変更」をこころみる諸国のみが軍事力を持っていたとすれば、そうした国ばかりが大きな影響力を持ち、他の国はそれに従うほかない世界になってしまいます。

軍事（防衛）力に関するもう一つの問題は、整備に多くのお金がかかることです。自家用車よりも戦車の方が高いのはあたり前ですね。二〇二四年度の日本の防衛費（当初予算）は八兆円弱でした。GDP比で約一・六％と発表されています。これは高いでしょうか。

どれだけあれば十分であるのかは非常に難しい問題です。NATOでは、GDP比二％がひとつの目安とされてきました。軍事力は、国にとっての「保険」だといえます。適正な水準は、客観的にはなかなか判断できませんが、そのためにも、結論ありきで「多すぎる」「少なすぎる」と批判するのではなく、何のために何がどの程度必要なのかを具体的に考えてみることが重要です。

第七章　「誰と」守るのか――同盟

自助と同盟

この章では、国家が自国を守るための方法を別の観点で考えていきます。端的には「誰と」守るのかということで、同盟の話です。

自国を守る際に、もっとも分かりやすく単純なのは、「自分の国を自分で守る」ことです。これを自助といいます。他人・他国に頼らずに自ら守るのです。ただし、このためにはかなりのコストがかかります。また、より大きく強い国が近くにあり、それが潜在的な敵対国だとした場合、自助だけで国を守るのは難しそうです。

そこで、ほかの国と一緒に守るという選択肢があります。これが同盟です。同盟にはいろいろな種類がありますが、同盟に参加するいずれかの国が攻撃されたときに、同盟に参加する諸国で一致して、攻撃された国を支援すると約束する枠組みであることが標準的です。ただし、歴史的には、片方が関与する戦争の際には中立を維持したり、敵対国を支援しないと約束したりという、より緩やかなものが同盟と理解されることもありました。

現代の同盟の代表例として、米国、カナダと欧州諸国によるＮＡＴＯ（北大西洋条約機構）があります。その基本条約である北大西洋条約第五条は、つぎのように定めています。なお、ここでいう「締約国」とは、条約への参加国を指す国際法の用語で、ここでは「加盟国」と読み替えて問題ありません。

締約国は、ヨーロッパまたは北アメリカにおける一または二以上の締約国に対する武力攻撃を、全締約国に対する攻撃とみなすことに同意する。締約国は、そのような武力攻撃がおこなわれたときは、各締約国が、国際連合憲章第五一条の規定によって認められている個別的または集団的自衛権を行使し、北大西洋地域の安全を回復しおよび維持するために、兵力の使用を含む、必要と認める行動を個別的におよびほかの締約国と共同してただちにとることにより、その攻撃を受けた締約国を援助することに同意する。（以下略）

重要な要素は二つあります。第一が、「一または二以上の締約国に対する武力攻撃を、全締約国に対する攻撃とみなすことに同意」するという部分です。第二が、そのうえで、「兵力の使用を含む、必要と認める行動」を「ただちにとることにより、その攻撃を受けた締約国を援助することに同意」することです。

これらによって、「一人はみんなのために、みんなは一人のために（One for all, all for one）」という構造が生まれるのです。互いに防衛し合うということであり、「集団防衛（collective defense）」と呼ばれます。これが同盟の基本です。

第六章で、国連の理念としての「集団安全保障」に触れました。集団防衛と集団安全保障は言葉が似ていますし、実際よく混同されるのですが、集団安全保障は、その参加国のなか、つまり内部で侵略などが発生し、それにそれ以外の諸国が協力して対処する枠組みです。それに対して集団防衛では、侵略は外部からおこなわれる想定で、それに参加国が協力して対処します。問題を起こす国が内部にあるか外部にあるかが、もっとも大きな違いです。

基本は助けてくれない

同盟、つまり集団防衛の基礎になるのが、集団的自衛権です。これは、先ほど引用した北大西洋条約第五条でも言及されているように、国連憲章第五一条にもとづくものです。他国が攻撃された際に、その国を支援することができるというもので、個別的自衛権と並んで国家の「固有の権利」とされています。なお、個別的自衛権とは、自国を自国で守る権利を指します。

集団的自衛権は、同盟国を助けるために発動するものだと漠然と理解している人が多いかもしれません。しかし、それは必ずしも正確ではありません。攻撃を受けた国からの要請などの条件を満たせば、どの国も行使できるのが集団的自衛権です。安全保障条約は必要ありません。だから固有の権利なのです。

しかし、これはあくまでも権利ですから、行使されるとは限りません。つまり、援助を要請しても、他国が助けてくれるかどうかが分からないのです。さらにいってしまえば、普通は助けてくれません。他国を助けるにはコストがかかりますし、兵士が犠牲になる可能性もあります。攻撃をおこなっている国との関係を考慮しなければならない場合もあります。

身の回りで考えてみても、街を歩いていて強盗に襲われたとき、残念ながら、周りの人々がすぐに助けてくれるとは限りません。「巻き込まれたくない」として、みてみぬふりをする人も少なくないでしょう。だから、集団安全保障はなかなか信頼できないのです。いわば、見ず知らずの人を含めてみんなが助けてくれるはずだ、という前提の体制だといえるからです。

権利を義務に

こうした状況では、安全保障は不安だらけです。そこで、集団的自衛権を単なる権利ではなく、義務にしようというのが同盟なのです。互いに助け合うことを、あらかじめ約束しておくという発想です。日頃から関係の深い国と同盟を結べば、関係の薄い国の支援を期待するよりも確実なのは明らかだと思います。

先ほどみた北大西洋条約第五条は、まさにそうした約束、つまり相互の防衛義務を規定した条文です。攻撃を受けた締約国を援助することにあらかじめ同意しているのです。

これが同盟の根幹です。

もっとも、これがどこまで自動的な義務かについては、さまざまな議論があります。というのも、各国は、おのおのが「必要と認めた行動」をとることにコミットしているだけだからです。つまり、同盟内の他国への武力攻撃が発生しても、「軍事的な支援は必要だと認めなかった」といい逃れをする余地が残されているのです。これは偶然ではなく、意図的な曖昧さです。

これでは、権利が義務に転化したとはいいきれないと思うかもしれません。実際そのとおりです。それほどまでに、助けてもらう約束を取りつけるのは難しいのです。相手にコストやリスクを強いるからです。そのため、条文上のコミットメントとしては、おそらくこれがほとんど上限です。そこから先、どこまで約束の信頼性を引き上げていけるかは、条約の文言ではなく、同盟国間の政治の問題になります。

「条約など紙切れにすぎない」ともよくいわれます。そのとおりなのですが、紙切れに命を吹き込むことができるかが、同盟にとっての本質的課題なのです。

同盟を結成したり維持したりするには、秩序維持や敵対国による勢力拡大の阻止などの安全保障上の利益を共有していることが大前提になります。加えて、特に米国の同盟で強調されることが多いのは、自由や民主主義といった「価値の共有」です。たとえばNATOでは、「自由と安全保障を擁護する」といった表現がよく使われます。安全保障と価値は不可分だという認識なのです。価値を共有する国同士の方が、助け合うことへの信頼度が高まるということでもあります。

他国を助けるということ

「他国（の自衛）を助ける」ということをもう少し考えてみましょう。これを約束し合う以上、関係は双方向です。自国が攻撃されたときには、自ら戦うとともに他国にも助けてもらい、他国が攻撃されたときには、それを自らへの攻撃とみなして、その国を助けるのです。

ここで重要なのは、「他国に助けてもらう」ことと「他国を助ける」ことは切り離せないという点です。自国が攻撃されたときには助けて欲しいものの、他国が攻撃されても知らんぷりでは、同盟関係になりません。人間関係でも、そういう人は嫌われてしまいます。

ただし、日米同盟はこの点でかなり特殊な構造になっていました。というのも、日米安全保障条約第五条によれば、「日本国の施政の下にある領域」への武力攻撃のみが、同盟としての対処の対象だからです。米国本土が攻撃されても、この条約は適用されません。つまり、日本が米国防衛への支援に駆けつける必要はないのです。日米同盟が「片務的」だと指摘されてきたゆえんです。

ただし、安保条約第六条にもとづき、日本は米国に対して基地などを提供し、米国は、日本の安全のためのみならず、極東の平和と安全のために、日本国内の基地を使用できるとされました。これによって、形式的には「双務性」が確保されました。しかし、相互に防衛するという、通常の同盟でもっとも重要な部分が弱かったことは否定できません。

そうしたなかで、日本では二〇一五年に平和安全法制が成立しました。これによって、日本の存立自体が脅かされるような状況では、日本が直接武力攻撃されていない段階で、武力の行使を含めた米国などへの支援が可能になりました。そうした事態は「存立危機事態」と呼ばれ、「我が国と密接な関係にある他国に対する武力攻撃が発生し、これにより我が国の存立が脅かされ、国民の生命、自由及び幸福追求の権利が根底から覆される明白な危険がある事態」と定義されました。

ただし、この文言から分かるように、この事態を認定するハードルは相当に高そうです。集団的自衛権という用語は登場しないのですが、こうした状況での武力の行使は、国際法上、集団的自衛権の行使にあたります。それまでの日本政府は、集団的自衛権について、憲法上行使できないとの立場でしたが、舵《かじ》を切ったのです。その結果、日米同盟は、限定的ながらも、より双方向、ないし相互的なあたり前の同盟関係になりつつあるともいえます。

拡大抑止の難しさ

同盟は双方向で助け合うことだといいましたが、もちろん、同盟国間の力関係が完全に対等であることはありえません。日米同盟やＮＡＴＯなど、米国を含む同盟ではなおさらです。米国の同盟国が軍事面で米国と対等であるわけがありません。規模が違いすぎるのです。

そして、それらの同盟が結成された当時、日本や欧州（西欧）諸国の狙いが、「米国に守ってもらう」ことだったことは否定できません。日本の場合は旧軍が解体されていましたし、欧州も第二次世界大戦による疲弊が大きく、ソ連の脅威に対し、防衛面で自立できる状況ではありませんでした。

米国にとって、日本や欧州の安全保障にコミットすることは当然大きな負担でした。他方で、東西冷戦構造のなかで、それら地域が共産主義陣営（東側）に取り込まれるのを避けることが、米国の国益のためにも必要とされていたのです。

日米同盟やNATOでの基本的な構図は、ソ連陣営による日本や西欧への侵攻を防ぎ、もし侵攻が発生すれば、米国の援助によって対処するというものでした。まずはソ連を「抑止」しようとしたのです。抑止の構造については、第九章で詳しく触れますが、同盟に関連する議論としてここで触れなければならないのは、「拡大抑止（extended deterrence）」です。

基本的な抑止といったときに指すのは、自国への攻撃の阻止ですが、日米同盟やNATOで求められるのは、米国が、日本や西欧諸国などへの攻撃も、自国への攻撃とみなして対処すると警告することで、敵の攻撃を防ぐことです。これが拡大抑止です。抑止の効果を自国から同盟国に「拡大する」ために拡大抑止なのです。

しかし、本当に守ってくれるのかという疑問がどうしても拭えません。というのも、先ほども触れたように、他国を助けるには人命の犠牲を含めてコストがかかるからです。冷戦期フランスの大統領だったシャルル・ド・ゴールは、米国に対して、「ニューヨークを犠牲にしてパリを守るのか？」と問いました。当然の疑問です。

これが拡大抑止の信頼性という問題で、大きく二つの側面があります。まずは、あたり前のことですが、ソ連（ロシア）や中国などの（潜在的）敵対国が、米国のコミットメントは真剣だと考えるようにしなければなりません。日本や西欧を攻撃すれば、米国の反撃がなされると本当に考えるのかという問題です。「どうせ米国は動かない」と思われてしまっては、抑止は崩れてしまうのです。これは、直接的な抑止の問題です。

しかしそれだけでは同盟は完結しません。同時に、米国のコミットメントへの同盟国の信頼を確保しなければなりません。ソ連（ロシア）や中国が米国に抑止されても、同盟国のあいだで不安が高まれば同盟としては深刻な問題になります。ここで求められるのが、同盟国に対する「安心供与（assurance）」です。文字どおり、同盟国を安心させることが求められるのです。

同盟では、敵対国の抑止よりも、同盟国への安心供与の方が難しいともよく指摘されます。抑止は軍事的手段である程度達成することができるものの、安心供与に関しては、心理的な要素がより大きくなるからです。

「見捨てられ」と「巻き込まれ」

この同盟の心理としてよく指摘される難題が、「見捨てられ」と「巻き込まれ」です。「見捨てられ」は、本当に守ってくれるのかという、拡大抑止の信頼性に関する中心的テーマです。集団防衛のための同盟がありながら、相互援助の約束が履行されずに見捨てられてしまうかもしれない、というのです。

もう一方の「巻き込まれ」は、米国以外の同盟国からみた場合に、米国がより好戦的だったとすれば、米国の戦争に同盟国が巻き込まれてしまうかもしれない、という問題です。たとえば、一九六〇年代から七〇年代のヴェトナム戦争です。米国は共産主義の北ヴェトナムに抵抗する南ヴェトナムを支援して介入し、さまざまな同盟国の参加を求めました。結局、韓国やオーストラリアなどが部隊を派遣し、日本は、ヴェトナムに派遣される米軍の中継拠点になりました。

ただし、「巻き込まれ」は米国にとっての懸念でもあります。というのも、米国という後ろ盾をえた同盟国がより強硬で好戦的な立場をとることになり、係争相手との緊張を激化させてしまう懸念が、米国にはあるのです。その場合には、米国が、同盟国の戦争に巻き込まれかねません。

冷戦時代から長きにわたって、日米同盟に関する日本側の懸念の中心は「巻き込まれ」でした。ヴェトナム戦争はその好例ですし、それ以外でも、米国の戦争への支援要請をいかに回避するかという意識が強かったことも事実です。そもそも日本への脅威に関する認識が低かったために、見捨てられたら困るという発想自体が弱かったという事情もありました。

しかし、二〇〇〇年代、特に二〇一〇年代以降は、北朝鮮が弾道ミサイルや核兵器開発を進め、中国が台頭して、東シナ海などで強硬姿勢を強めるなかで、「見捨てられ」

の懸念が上昇することになりました。

ただし、「巻き込まれ」も「見捨てられ」も、ある意味同盟にはつきものであり、完全に払拭することはできません。これらのリスクをいかに管理するかが同盟にとっては重要なのです。日本や欧州諸国にとっては、米国を頼りにしながら、米国に翻弄もされるということでして、これは同盟の宿命なのでしょう。

同盟管理とバードン・シェアリング

そうしたなかで、同盟を安定的に維持することが課題になるわけです。これを「同盟管理」と呼びます。そのための仕組みとしては、恒久的・定期的な協議や意思決定の枠組みを設置することがあります。NATOでは事務局、統合軍事司令部、そして意思決定のための北大西洋理事会などの組織が整備されています。日米間でも、同盟調整メカニズムや、両国の外相・防衛相（国務長官・国防長官）による外務・防衛閣僚協議（2プラス2）などの枠組みがあります。

また、共通の脅威認識を示し、同盟として達成しなければならないものを定め、そのためのみちすじを示すためのに、戦略文書を作成することもあります。NATOでは「戦略概念」と呼ばれる同盟の最高位の文書がこれにあたり、おおむね一〇年ごとに改定されています。日米間では、通常、首脳会談や2プラス2の共同宣言などが戦略文書の役割を果たします。

実際の同盟管理を考えると、やはり最大の課題はバードン・シェアリング（負担分担）です。これは古くて新しい問題です。

もっとも、先ほど触れたように、「米国に守ってもらう」という同盟の構造上、日米同盟でもNATOでも、米国の負担がどうしても大きくなってしまいます。第二次世界大戦直後のように、米国のパワーが圧倒的だった時代はそれでもよかったのですが、それに陰りがみえてきた一九七〇年代以降、同盟国に対する負担分担の要求は大きくなりました。同盟国の「ただ乗り（フリーライディング）」批判も繰り返されています。

それを受けて日本もNATO諸国も、防衛予算増額や能力強化などによるバードン・シェアリングの強化を進めようとしてきました。しかし、同盟の存続を前提とする以上、それは完全に独り立ちするためのものではありません。

バードン・シェアリングの強化は、実際には、米国の不満を和らげ、米国による同盟へのコミットメントを持続させるためのツールだったともいえます。能力を高めすぎて、「それだったら同盟は不要だ」という結論になることは、同盟国としても望んでいません。他方で米国も、負担の分担は求めつつ、同盟の主導権を引き渡す意思がなかったりもするわけです。やはり、同盟管理には微妙なさじ加減が求められるのです。

第八章　核兵器ってなんだろう

核兵器による危険と平和

一九四五年八月六日は世界の大きな転換点になりました。広島に原爆（原子爆弾）が落とされた日です。広島と長崎への原爆投下が、日本に降伏を受け入れさせるために不可欠だったかどうかについては、現在でも歴史論争が続いています。しかし、原爆の誕生が国際関係全体に巨大な意味を持った事実はいずれにしても変わりません。なお、原爆と核兵器は同じものを指します。

世界は、核兵器の破壊力、怖さをみせつけられたのです。そのため、主要国間で戦争をおこなうことの危険が急激に上昇することになりました。核兵器がひとたび使われてしまえば、受け入れがたい惨状になることが明らかになったのです。

その結果、核兵器が使われるような戦争は絶対に避けなければならないとの考えも強くなりました。それまでも気軽に戦争がおこなわれていたわけではありませんが、核兵器の登場は、核兵器を保有する諸国の間で、戦争のハードルを高めたのです。

第三章でも触れたように、米国の冷戦史家のジョン・ルイス・ギャディスは、冷戦を「長い平和」と呼びました。その原因は複数あるのですが、その一つが核兵器の役割でした。何とも皮肉なことですが、あまりに危険な兵器を手にしてしまったために、米ソをはじめとする大国が、より慎重に行動するようになったのです。核兵器が「平和」をもたらしたという議論です。

ただし、そうした慎重さが常に機能する保証は残念ながらありません。事故や誤作動、さらには意図しない事態のエスカレーションなどを含めて、核兵器が存在する限り、核兵器が使われたり、核爆発が起きてしまったりする可能性はなくなりません。

核兵器は、使うためではなく、「使わない」ことが重要な兵器なのです。より端的にいえば、核兵器とは、相手に「(核兵器を)使わせない」ための兵器なのです。「使われない」ようにするということでもあります。これこそが抑止です。抑止については第一〇章であらためて考えますが、ここでは、核兵器の主目的が、使用ではなく「使用の阻止」、つまり抑止だという点を強調しておきます。その意味で、具体的な使用が前面に出るほかの多くの武器とは大きく異なるのです。

さまざまな核兵器

具体的な議論に入る前に、核兵器の種類について触れておきましょう。通常、「戦略核」と「戦術核」という分類がされます。もっとも単純にいえば、飛距離の長いものが戦略核です。戦略核には、大陸間弾道ミサイル（ICBM）、潜水艦発射弾道ミサイル（SLBM）、戦略爆撃機（に搭載する核兵器）の三種類があり、合わせて「トライアッド（triad）」と呼ばれています。「戦略的」という言葉には、飛距離が長いことのみならず、使用された場合の影響が大きいという意味も含まれています。いわば、「最終兵器」だということです。

それに対して戦術核は、基本的により短距離のものを指します。例えば米国は、戦闘機から投下する核爆弾を保有し、これは戦術核に分類されますが、戦闘機の航続距離は、空中給油によって延ばすことができますので、距離で分ける意味は、実はあまり大きくありません。

そのため、戦術核は、より「小型」の核兵器だという理解がなされることが多くなりました。しかし、これもあまり正確ではありません。たとえば、SLBMに搭載する核弾頭も、かなり低出力にすることが可能だからです。加えて、たとえ戦術核であっても、ひとたび使われてしまえば戦略的に大きな影響をもたらすため、戦術核という言葉を使うべきではないとの声もあります。

それでも、核兵器の分類が無意味になったわけではありません。さまざまな種類の核兵器が存在する現実は変わりませんし、ロシアが、さまざまな戦術核を保有していることも事実で、ウクライナ侵攻を含めて、それらが使われる懸念は上昇しているのです。

世界は核兵器だらけ?

現在の世界で核兵器を保有するのは、「核不拡散条約(NPT)」によって保有が認められている米国、ロシア、英国、フランス、中国の五カ国に加え、事実上の保有国とされているインド、イスラエル、北朝鮮、パキスタンの合計九カ国です。このうち、イスラエルは核兵器の保有を公には認めていません。

NPTとは、一九七〇年に発効した多国間条約で、核兵器の拡散を防ぐのが主目的です。二〇二四年現在で一九一カ国が参加しています。条約ができるまでにすでに核兵器を持っていた国には保有を認め、それ以外の国には認めないという不平等な仕組みですが、そのかわりに、核兵器保有国は核軍縮につとめる義務を負い、それ以外の諸国は、原子力の平和利用の権利を保証されることになりました。それでバランスをとろうとしたのです。

各国の配備済み核弾頭保有数をみると、米国とロシアが圧倒的にトップで、それぞれ約五〇〇〇から六〇〇〇発です。次いで中国が約五〇〇、英仏が二〇〇から三〇〇、インドとパキスタンが一七〇程度、イスラエルと北朝鮮が一〇〇以下といわれています。全世界で一万二〇〇〇発程度になります。このうち、中国は急速に増強中で、米露に匹敵する数に達する可能性があると指摘されています。

核保有国数に話を戻すと、世界に二〇〇程度の国家が存在するなかで、九カ国という数字は大きいでしょうか。一九六〇年一〇月に、当時米国大統領だったジョン・F・ケネディは、一九六四年までに、新たに一〇、一五、二〇もの国が核兵器を持つことになると警告しました。

しかし、実際の核拡散のペースはより緩やかなものにとどまりました。なぜでしょうか。いろいろな理由が考えられますが、重要なのは三つです。第一に、現在の世界では、「核兵器を持ってはいけない」という考えが広く受け入れられていると思いますが、ケネディの時代を含めて、NPTが発効するまでは、核拡散の危険は論じられつつ、核兵器を持ってはいけないという規範はまだありませんでした。NPTがなければ、核拡散はもっと進んでいた可能性があります。

第二に、実際に核兵器を開発・製造するのは難しかったという事情もあります。核兵器の仕組み自体は、インターネット上でも簡単に知ることができます。しかし、実際につくれるかは別問題です。ウランの濃縮などが必要になりますし、やはり核実験もしなければなりません。特に、NPT以降は、大手を振って核兵器開発をすることが憚《はばか》られ、秘密裏におこなわなければならなくなったために、難易度はさらに上昇しました。

第三に、米国との同盟による拡大抑止（拡大核抑止）も、核兵器の不拡散に大きな貢献をしました。米国による防衛コミットメントがなければ、あるいはその信頼性がより低ければ、NATO諸国や日本が独自の核兵器開発に走らざるをえなかったかもしれません。米国の同盟政策は、不拡散政策でもあったのです。

核兵器はなぜ特別?

核兵器は特別な兵器だといわれます。しかし、なぜ特別なのでしょうか。答えは必ずしも単純ではありません。第一に考えられるのは、破壊力の大きさです。広島に投下された核兵器の大きさは、TNT火薬換算で一万六〇〇〇トン程度とされています。その後は、さらに巨大な核弾頭がつくられましたが、現在米国が保有する最大の通常爆弾の破壊力は同じくTNT火薬換算で一一トン程度です。核兵器と通常兵器の破壊力の差は明らかです。

破壊力と関連するのは、犠牲者数です。破壊力が大きければ犠牲者も増える可能性が高まります。広島では一発の原爆で約一四万名が亡くなりました(一九四五年末までの犠牲者数)。ただし、一九四五年三月のいわゆる東京大空襲でも、一〇万名近くが犠牲になっています。核兵器による犠牲者と、通常兵器による犠牲者は違うのでしょうか。

倫理的にもなかなかの難題です。

これは、核兵器が使われても犠牲者がでなかった場合に、それをどう捉えるのかという問題とも関連します。相手を脅す示威目的で、たとえば洋上や、人がほぼ住んでいないような地域で核兵器による爆発がなされた場合に、これを「核兵器による攻撃」だとみなして対応すべきなのかが問われるのです。核兵器で攻撃されれば、核兵器で反撃すべきだ、と考えるかも問われます。破壊力や犠牲者数という基準だけでは判断に困るのです。

第二に、放射能の影響です。しかも、この放射能による影響は、後年まで長く続き、癌《がん》など人体にさまざまな害悪をおよぼし続けます。

しかし、放射能による影響について、当初はほとんど理解されていませんでした。「原爆の父」を描いた米国の映画、「オッペンハイマー」を観た人は気づいたかもしれませんが、当時の核実験は地上でおこなわれ、それをかなり近くの距離からみんなでみていました。爆発による閃光《せんこう》が強いことから、それを遮って目を守るためのガラスが配られ、みながそれを通してみているシーンがありますが、放射能への備えはまったくありませんでした。広島に投下されたあとも、しばらくは放射能に関する知識はほとんどなかったのです。

第三に、「核兵器は特別だとみんなが考えるから」特別な兵器であるという点も見逃せません。言葉遊びや詭弁《きべん》に聞こえるかもしれませんが、そうではありません。みなが特別だと考えるから特別になるのです。理由が破壊力でも放射能でも、あるいはそれ以外だったとしても、「核兵器は特別だ」という認識が、「だから有用だ」にも、「だから使ってはならない」にもつながり、議論は熱をおびるのです。

核兵器は強者の兵器か

そうした、さまざまな理由で特別な核兵器は、大国の占有物だと思うかもしれません。米露英仏中という、国連安全保障理事会の常任理事国と、NPTで認められた核兵器国が同じだからかもしれません。しかし、この二つが同じだったのは本質的には偶然です。NPT以前に核兵器を保有していたのがそれらの五カ国だったにすぎないからです。ただし、核兵器国の大国イメージが安保理常任理事国とつながってきたのは事実です。

その後、核兵器の保有を目指した国は、成功した国も失敗した国も、通常兵器では到底大国や、近隣の敵対国に対抗できないために、いわば「一発逆転」のために核兵器に頼ろうとしたといった方が実態に近そうです。「弱者の兵器」としての核兵器です。

大国に対抗できるほどの通常兵器を持つためには、相応の経済力、技術力、そして人口などが不可欠になり、それらを新たに揃《そろ》えるのはほとんど無理だからです。北朝鮮が通常兵器で米国に対抗することは不可能です。しかし、核兵器を保有すれば、米国も北朝鮮の存在を無視するわけにはいかなくなります。

南アジアでパキスタンは、より大きな隣国であるインドに対抗するために核兵器が不可欠だと主張しますし、インドは、さらに大きな中国を視野に入れています。そして中国は米国を見据えて核兵器が必要だという構図になります。いずれも、総合的な国力や通常兵器では対抗できないときに、核兵器への依存が必要になるのです。

そこに核兵器の有用性があります。つまり、核兵器の保有は、通常兵器の不足を補うとともに、国際的な地位の向上につながるということです。「一目おかれる存在になる」ための手段ともいえます。ただし、こうした理解が広まることは、核兵器の拡散を防ぐ観点では大問題です。というのも、地位向上のために核兵器を求めるという誘惑が成立してしまうからです。

オバマ大統領のプラハ演説

「核兵器なき世界」については聞いたことがあるでしょうか。端的にいえば、核軍縮の最終目標である核兵器廃絶のことです。

核兵器が存在する限り、核戦争の危険があり、たとえ事故だったとしても核爆発がおきてしまう可能性があります。テロリストが何らかの手段で核兵器を入手する危険も指摘されてきました。そうした事態を防ぐ究極の方法が、核兵器の廃絶だというのは、論理的には分かりやすいと思います。核兵器が存在しなければ核戦争は起きないはずです。

核軍縮は、冷戦期から米ソ・米露間の合意により進められてきましたが、今日もっとも核戦力を増強している中国が参加する核軍縮の枠組みはありません。また、ロシアによるウクライナ全面侵攻によって米露関係が冷戦後最悪の状況におちいるなかで、これ以上の核軍縮への期待も完全にしぼんでいます。

米国のバラク・オバマ大統領は、二〇〇九年四月にチェコの首都プラハで演説しました。「プラハ演説」と呼ばれる有名な演説です。当時は、核軍縮への期待が大きかったのです。「核兵器なき世界」を提唱したと評価され、オバマ大統領はその年のノーベル平和賞を受賞しました。

プラハ演説について聞いたことがある人も、全文を読んだ人は少ないかもしれません。日本では、核兵器を使った唯一の国として、米国には核兵器なき世界の実現に向けて行動する「道義的責任」があると述べた箇所がとりわけ有名です。

しかし、演説の最初の三分の一は、チェコを含めたNATO諸国の安全保障へのコミットメントの確認です。これには核抑止も含まれます。そもそも、二〇〇九年四月に米大統領がプラハを訪問したのは、それがチェコのNATO加盟一〇周年だったからです。演説で一番盛り上がったのもその部分でした。そして次の三分の一が「核兵器なき世界」、つまり核軍縮の話です。そして最後が、核セキュリティと呼ばれる、核物質の管理についての提案でした。つまり、「核兵器なき世界」のみではなかったのがプラハ演説なのです。

「核兵器なき世界」についても、オバマ大統領は非常に慎重な言葉遣いでした。「核兵器なき世界における平和と安全保障を追求するという米国のコミットメントを、信念を持って明確に表明する」と述べ、すぐに「私はナイーブではない。この目標はすぐには達成されない。おそらく私が生きている間には難しいだろう」と付け加えているのです。

「核兵器なき世界」への長い道のり

注目点は二つです。第一は、オバマ大統領が追求すると述べたのは、「核兵器なき世界」ではなく、「核兵器なき世界における平和と安全保障」だということです。この違いは重要です。「核兵器なき世界」だと、それ自体が目標になります。それに対して、「核兵器なき世界における平和と安全保障」であれば、あくまでも目標としては「平和と安全保障」に重点があり、「核兵器なき世界」はそのための手段という位置付けになります。

別のいい方をすれば、「平和と安全保障」が損なわれるのであれば、「核兵器なき世界」を求めないということにもなります。ただし、プラハ演説後、この点はほとんど注目されることなく、「核兵器なき世界」という言葉がひとり歩きすることになりました。

第二に、「私が生きている間には難しい」という点も重要です。プラハ演説時点で、オバマ大統領は四七歳でした。そのため、オバマ大統領は、「核兵器なき世界」を提唱しつつ、それは三〇年、四〇年は達成されないだろう、という実に長期的な話だったのです。

「核兵器なき世界」は通常兵器の世界……

「核兵器なき世界」を実際に想像してみると、あたり前のことではあるのですが、それは、「通常兵器の世界」になります。

オバマの構想に対する懐疑論はいろいろ出てきましたが、原因の一つはこの点です。つまり、「核兵器なき世界」では通常兵器が重要になり、それはそのまま、(一)通常兵器の強い国が軍事的に優位に立てること、そして、それゆえに(二)通常兵器で優位に立つ国のみが「核兵器なき世界」を提唱できる、ということでもあったのです。

世界最強の通常戦力を有するのは米国であり、そうした立場にあるからこそ、「核兵器なき世界」を提唱できるのだ、という事実は否定できません。これは、先ほど触れた、「弱者の兵器」としての核兵器という観点ともつながります。通常兵器の不足を核兵器で補っている諸国にとって、「核兵器なき世界」は不都合です。

「核兵器なき世界」は、単なる理想論ではないということでもあります。オバマ政権は、核兵器の役割の低減を進めたのですが、その際には、通常兵器やミサイル防衛などによる代替がかかげられました。米国にはそれができるものの、ほかの核兵器保有国も同じことができるわけではありません。いずれにしても、「核兵器なき世界」は遠い目標にとどまっています。核兵器禁止条約も存在しますが、核兵器保有国が参加していないことから、実効性はほとんど期待できません。

また、プラハ演説後に世界がさらに変わっている点も重要です。米国と中国との通常戦力のバランスが大きく変化し、中国が優位な分野が増えています。この状況が続けば米国は、通常兵器の不足を補うために、核兵器への依存を高めなければならなくなることも考えられます。

核兵器を使わせないために

「核兵器なき世界」が遠い目標であり、また、たとえば中国が核戦力を大幅に拡大しているなかで、核軍縮のさらなる推進も期待薄です。そこで、当面の課題として重要になるのが、核兵器をいかに「使わせない」かです。世界に核兵器が存在する以上、それを使わせないことの重要性はいくら強調しても強調しすぎることはありません。これは、長崎を最後の戦争被爆地にするということでもあります。

このようなことを真剣に考えなければならなくなった最大の原因の一つは、ロシアによるウクライナ全面侵攻です。ロシアによる核兵器使用が現実の懸念として語られるようになったのです。それをいかに阻止できるのか。使われてしまった場合に、米国やNATOはどのような対応ができるのか。核兵器をめぐる問題が、ふたたび、国際関係の舞台の中心に戻ってきてしまいました。鍵となるのはやはり抑止です。第一〇章であらためて考えます。

第三部

より平和な世界をつくる

第三部では、より平和な世界をいかにつくることができるかを考えます。「より」という部分が重要です。というのも、完全な平和を達成することはできそうにないからです。そもそも「完全な平和」とは何を指すのか?と読みながら疑問に思ったとしたら、この本のこれまでの議論をしっかり踏まえている証拠です。そうです、不明確な言葉を安易に使ってはいけません。

ここで議論するのは、世界にさまざまな国が存在し、そのすべてが、武力による威嚇または使用の禁止という国連憲章の規定を守るわけではない世界を前提として、平和を欲する諸国がいかに自らの安全保障を確保できるのか、そして、国連憲章を基礎とする「ルールに基づく国際秩序」をいかに守っていけるのか、という問題です。

各国の視点として、具体的に考えれば、同盟国や友好国などとの協力を強化すると同時に、潜在的な敵対国家を含めて、一つでも多くの諸国と、安定的な関係を維持することが課題になります。また、潜在的な敵対国家に関しては、抑止が重要になります。相手が、自国にとって不都合な行動をしないように、警告を発するのが抑止の基本です。「もし〇〇をしたら、――」という警告のメッセージです。

警告や脅しを基礎に関係を維持するのは嫌だ、と考える人もいるでしょう。そうですよね。殺伐としています。そんな世界は変えたいところです。

しかし、我々人間の国内社会でも、あるいは個人間の関係でも、「もし○○をしたら、――」が重要な役割を果たしている事実は否定できません。犯罪に対する刑罰規定には、抑止効果も期待されているわけです。個人間でも、約束を破れば嫌われる可能性があり、それを避けたいから約束を守る、という構図が存在します。我々人間がそうした生き物である以上、我々がかたちづくる国家は我々とは違って慈悲と利他の精神にあふれて行動するはずだと想定することはできないのです。

でも、だから世界は弱肉強食のジャングルだと諦めるのも極論です。少しでもより平和な世界をつくるための方法はいろいろ存在します。さまざまな国が協力して、そうした努力をしてきたのも、国際関係の歴史です。

まず第九章では、国家同士はどうすれば協力できるのかについて、外交、国際機関、国際法など、さまざまな観点から考えてみます。しかし、国連や国際法は無力であるとの指摘も少なくありません。何が国家間の協力を阻むのでしょうか。そしてどのような解決策が考えられるでしょうか。

第一〇章では、抑止について考えます。同盟や核兵器に関する章で、抑止のさまざまな側面にすでに触れていますが、より平和な世界をつくるためのツールとしての抑止を、あらためて多面的に検討します。抑止の機能とともにその限界や弱点もみていきます。

最後の第一一章では、この本でのそれまでの議論を踏まえて、あらためて日本にとっての戦争と平和について考えます。日本の平和と世界の平和はどのようにつながっているのでしょうか。そして何が問われているのでしょうか。日本の舵《かじ》取りを一緒に考えましょう。

第九章　国家はどうすれば協力できるのか

外交と軍事はつながっている

安全保障や軍事を中心とした議論に対しては、「軍事より外交が重要だ」との反論がよく聞かれます。外交が重要なのは当然です。まずはこの点から話をはじめましょう。

外交とは何でしょうか。英国の著名な外交官で政治家でもあり、『外交』という著作を残したハロルド・ニコルソンは、外交とは「交渉による国際関係の処理」だと述べています。これは若干狭い定義ですが、「武力による国際関係の処理」に対置させるという観点では、非常に分かりやすい捉え方です。

しかし、注目すべきは、外交と軍事がつながっているということです。二項対立的に捉えるべきではありません。外交が効果をもつとき、その背後には軍事力を含めた、ハードな力が存在する場合が少なくないのです。あるいは逆に、戦争を終わらせるためにも外交が不可欠です。外交と軍事は常に手を取り合うような関係なのです。

たとえば、第二次世界大戦後の米国が、世界各地の紛争解決のための和平交渉でリーダーシップを期待され、実際、ときに決定的な役割を果たしてきたのは、米国が巨大な軍事力を持っていたという事実と切り離して考えることはできません。

何らかの紛争を終わらせるために和平協定が結ばれたとしても、国際社会にはそれを履行させる仕組みが弱く、合意を維持することは容易ではありません。そこで、関係する大国に頼る部分が大きくなります。和平合意を守らない勢力への軍事的な制裁を含め、大国がにらみをきかせるということです。

一九九五年一一月に、「デイトン合意」という、旧ユーゴスラヴィアのボスニア＝ヘルツェゴヴィナ紛争の和平が米国主導で成立しました。それまで、EU（欧州連合）をはじめとした欧州諸国や国連が努力したものの和平は実現せず、最後に米国が本腰を入れたところで合意が成立しました。

和平協定などは、通常、交渉・合意された場所の名前で呼ばれます。デイトンは、米国中西部オハイオ州の都市で、そこにある米軍基地で交渉がおこなわれたのです。西バルカンのボスニアから遠く離れた米軍基地で交渉がおこなわれたこと自体、米国の力を示していました。

ただし、外交の後ろ盾として、軍事力が常に強調されるわけではありません。スイスなどの中立国による仲介外交は、ハードな軍事力ではなく、信頼や中立性といったソフトな資源に支えられています。また、EUや日本が地域紛争の和平で役割を果たす際に重要な力になるのは、和平後の経済支援、開発援助などへの期待だといえます。

これは、「和平を履行すればよいことが起こる」という期待です。それに対して、軍事力によって支えられる和平では、「和平を破れば悪いことが起きる」というメッセージが前面に出ます。これは、どちらがよいかという問題ではなく、両方が必要なのです。「アメと鞭《むち》」です。

協力が困難な「囚人のジレンマ」

ここであらためて、国際関係でなぜ各国は協力できないのかという構造を考えてみます。よく使われるのは「囚人のジレンマ」という、ゲーム理論の事例です。もとの話は次のとおりです。

同じ事件に関して二人の容疑者（AとB）が逮捕され、別々に取り調べを受けます。二人がともに実際の犯人だとしたときに、事件について何もしゃべらないという「黙秘」と、事件について真実を語るという「自白」の二つの選択肢があるとします。このうち、黙秘は二人の間の「協力」とみなします。一方の自白は、もう一人の犯罪をバラすことを含みますので、「裏切り」行為とします。それぞれの選択肢をとったときの、各人にとっての利得は【表3】のようになるとしましょう。二人は別々の部屋にいるため、他方がどのような選択肢をとったかを知りません。

個人の利得がもっとも大きくなるのは、自分は裏切り（自白し）、もう一人が協力（黙秘）する場合です（四点）。つまり「抜け駆け」です。実際の取り調べでは、捜査官から、「自白すれば罪が軽くなる」などと持ちかけられたり、事実かどうかはともあれ、「相手も自白した」などとして自白を迫られたりするはずです。個人の利得がもっとも小さくなる、つまり損するのは、自分は協力したものの相手が裏切る場合です（一点）。抜け

【表3】「囚人のジレンマ」の構図

		Aの選択	
		協力	裏切り
Bの選択	協力	A：3、B：3	A：4、B：1
	裏切り	A：1、B：4	A：2、B：2

注：各欄の数字はそれぞれの場合の利得の大きさ（点数）

駆けされる状況です。

二人の合計の利得が最大になるのは、ともに協力（黙秘）した場合です（三点＋三点で計六点）。それに対して、ともに裏切れば（自白すれば）、二人の合計の利得はもっとも小さくなります（二点＋二点で計四点）。

これを踏まえれば、二人を合わせて考えた場合、ともに協力するのがもっともよい選択肢です。しかし、自分だけ協力し、相手が裏切るという最悪の事態を避ける必要もあり、それを避けるためには、自分が裏切ることがもっとも確実な選択になります。結果として、ともに裏切ることになる可能性が高くなるのです。これが、「囚人のジレンマ」の状況下で、各国が協力できない構造的理由です。協力したくないのではなく、したくても協力できないのです。

「囚人のジレンマ」を乗り越える

現実の国際関係はより複雑ですが、「相手が協力するか分からないから、こちらも協力しない（できない）」という状況は頻繁に生じます。「核兵器なき世界」もまさにそうです。たとえ合意したとしても、合意を守らない国が出てくるかもしれないために、真っ先に核兵器を放棄するわけにはいかないのです。みんながそう考えれば、誰も放棄できません。

こうした状況を乗り越えるには、大きく分けて二つの方法があります。第一は、情報の共有を確保したり、ほかの国や国際機構が双方を監視したりすることです。先ほどの「囚人のジレンマ」で二人の容疑者は、相手の選択を知ることができませんでした。

国家間での交渉でも、相手の手の内を完全に知ることはできません。しかし、コミュニケーションを密にする努力はできます。また、互いに協力することを、他の国や国際機関が監視することも考えられます。それによって、協力しやすい環境をつくり、「抜け駆け」のハードルを高くするのです。

第二に、繰り返しゲームにすることで、協力の可能性を高めることができます。先ほどの「囚人のジレンマ」は、明示的ではありませんでしたが、一回限りのゲームだと捉えられます。一回協力して裏切られれば、それで終わってしまい、勝敗が確定してしまうのです。しかし、好むと好まざるとにかかわらず、国家間の関係は、一回限りではありません。隣国がいくら嫌いでも、引っ越していなくなることはないのです。

この点が、個人間の関係と異なります。旅先などがよい例ですが、一生に一度しか会わない人は、人間関係では少なくありません。しかし、今後も頻繁に会う人とは、よい関係を築きたいと考えるのが自然だと思います。

国家も同じです。関係が将来にわたって続くと考えるのであれば、抜け駆けによって一回だけ最大の利得を獲得したとしても、長期的には損をしてしまいます。先ほどの表でいえば、最初だけ四点を獲得できても、次からは相手も協力しないでしょうから、双方ともに「裏切り」で、得点が二点になってしまうからです。繰り返しを考えれば、互いに「協力」して三点を獲得し続ける方が国益に合致します。

今後もずっと続く、終わりがないゲームだと考えれば、「最初は協力してみる」という選択がとりやすくなるのです。そして、それでも相手が協力してこなければ、やむをえずこちらも協力を停止すればよいのです。

国際機関は無力なのか

こうした環境で求められるのは、別の言葉でいえば、いかに「約束を守らせるか」です。その一つの手段は、条約など、国際的な約束を結ぶことです。第七章でみた同盟はその好例でした。国際連合の基本条約である国連憲章も、さまざまな約束を集めたものですし、分野ごとの国際機構は、お互い約束し合い、それが守られることを確保するのが目的です。たとえば、世界貿易機関（ＷＴＯ）には加盟国間の貿易上の紛争を処理するためのメカニズムがあります。

それでも、その決定を無視し続けるような国が出た場合に、強制力に乏しいのが国際機関の限界ではあります。

二〇二二年二月からのロシアによるウクライナ全面侵攻は、国連憲章に明確に違反する行為でした。そのために、ロシアの行為を非難する二〇二二年三月の国連総会決議には、一四一カ国が賛成したのです。しかし、本来国際の平和と安全の問題で主たる役割を担うはずの安全保障理事会（安保理）で、同様の決議がとおることはありません。安保理の一五の理事国のうち、米国、ロシア、中国、英国、フランスの五カ国は常任理事国で、「拒否権」を持っているからです。常任理事国の一つでも反対すれば、決議は採択されないのです。その結果、安保理での採択が断念され、拒否権のない総会の役割が注目されるようになりました。

そうした状況を受けて、安保理や国連からロシアを追放すべきだという声もあります。ロシアに対する苛立ちはよく分かります。しかし、国連は、第一次世界大戦後の国際連盟の失敗を受けて、同じあやまちを繰り返さないために、拒否権を導入したのです。国際連盟の大きな失敗の一つは、第一次世界大戦で大きな役割を果たした米国が加盟を見送り、日本やドイツといった諸国がその後、脱退したことでした。

主要国のいない国際連盟では、意味がありません。そのため、国連は、常任理事国に拒否権を認めることで、彼らの国益に反する行動をとらないことを確保し、主要国が加盟を見送ったり、脱退したりするような事態にならないような制度設計にしたのです。

国連がグローバルな組織である以上、問題ある国を排除するというのは、その目的に反するのでしょう。国連からの追放などの措置をとっても、問題が解決するわけではありません。そして、国連が無力にみえるとすれば、それは、国連自体の責任というよりは、加盟国の間の分断が大きいことが本質的な問題であるはずです。

ただし、国連やそのほかの国際機関が、現在の姿のままでよいということではありません。世界の主要国を制度のなかに取り込むといいつつ、米露中英仏という、第二次世界大戦終結時の大国を中心としたままでよいのかは疑問です。日本、ドイツ、インド、ブラジルなどは、安保理常任理事国入りを目指してきましたが、実現していません。また、人口増加の著しいアフリカ諸国の間にも、常任理事国入りを求める声があります。

欧州統合による平和

ここまでの議論は、国連に代表されるグローバル（普遍的）な国際機関を主に念頭に置いたものでしたが、加盟国間でより深い付き合いになるのは、同じ地域の諸国が集まってつくる地域機構です。代表例は、欧州の二七カ国が加盟するEU（欧州連合）です。アジアでは、ASEAN（東南アジア諸国連合）が地域統合を進めています。

ＥＵは超国家的な地域統合としてかなり特殊です。「超国家」とは文字どおり「国家を超える」という意味です。国際関係について議論する際、国家より上位の権威がないという意味でアナーキー（無政府）だという説明をこの本でもしました。しかしその重要な例外がＥＵです。ＥＵの加盟国は、国家主権の一部をＥＵに移譲しています。主権を「プール（共有）する」ともいわれます。

象徴的なのは単一通貨ユーロです。通貨の発行は、国家主権の重要な一部ですが、ユーロに参加している諸国はこれを放棄し、ＥＵレベルで欧州中央銀行という組織をつくり、単一の通貨を発行することにしたのです。そのほかにも、特に経済分野では、多くの決定が多数決でおこなわれています。つまり、主権国家なのに、自らが反対するＥＵの規則にも従わざるをえないのです。

ここで鍵となるのがＥＵ法です。ＥＵでのさまざまな規則の総称ですが、これらは、事実上、各国の国内法より上に立つことになっています。「ＥＵ法の優越」という考え方です。ＥＵの基礎は加盟国間での市場統合、つまり単一市場の創設です。そのためには、さまざまな規則がＥＵ内で統一的に適用されなければなりません。

EU法の解釈が国により異なったり、各国が勝手な基準などを適用したりしてしまうと、単一市場が機能しません。たとえばフランスでは合法的に販売されているものが、ドイツでは違法だったりすると困るのです。また、せっかくEUで統一的な基準を決めても、そのあとでどこかの加盟国が別の基準をつくることが許されるようでも、単一市場が損なわれます。

戦争を「不可能にする」

欧州統合は、第二次世界大戦後の西ヨーロッパの経済復興のための大きな柱でしたが、その根底には、欧州で二度と戦争を起こさないという目的がありました。欧州統合の起点となった一九五〇年五月の「シューマン宣言」は、仏独の石炭と鉄鋼の生産の共同管理の提案で、それ自体は技術的な要素が強かったものの、それによって「仏独間のいかなる戦争も想像すらできなくするだけでなく、実質的に不可能にする」ことを目指しました。石炭も鉄鋼も、戦争に不可欠な戦略物質でした。それを共同管理するという経済統合によって、平和をつくろうとしたのです。

もちろん、実際の欧州統合はそのようなきれいごとだけではなく、各国の経済的、政治的な打算の産物です。平和の実現が常に最重要だったわけではありません。しかし、第二次世界大戦による破壊を受けて、各国が平和を求めていたことは事実です。そして実際に、欧州諸国、少なくともEU加盟国間で戦争が想像できず、不可能になったのは確かです。ちなみに、EUは二〇一二年に、「欧州の平和、和解、民主主義と人権の向上」への貢献を理由に、ノーベル平和賞を受賞しています。

なお、EUのノーベル平和賞受賞に対して、欧州の平和を維持してきたのはEUよりもNATOであるとの指摘もなされました。実際、NATOが、単にソ連・ロシアの脅威に対処するのみならず、加盟国間の平和を実現してきた成果を見逃すことはできません。EUと並んで、「不戦共同体」を築いてきたのです。世界のなかでも、欧州こそが、戦争によってもっとも血塗られてきた大陸であったことを考えれば、これは大きな成果です。

国際法の目的と効果

この章の最後に、国際法について考えてみましょう。ロシアによるウクライナ全面侵攻や、イスラエルとハマスの戦いなどをみせつけられると、国際法が無力だという思いを持つことは理解できます。オランダのハーグにある国際刑事裁判所（ＩＣＣ）はロシアのプーチン大統領に対して逮捕状を出していますが、実際に逮捕される可能性はほとんどないといわれます。

そもそも国際法とは、国連憲章を含めた各種の多国間や二国間の条約と国際慣習法の集積を指します。多国間条約には、海洋秩序の基本を定めた国連海洋法条約、武力紛争（戦争）にあたっての諸原則などを規定したジュネーブ諸条約を含む国際人道法などが存在します。

国際法の最大の目的、そして効果は、「やってよいこと」と「やってはいけないこと」を分別することです。戦争になったら何でもやってよいのではありません。戦争も規則に沿っておこなわなければなりません。たとえば、原子力発電所への攻撃や子供の連れ去りなどは禁止されています。

現実には、国際人道法のさまざまな違反、つまり戦争犯罪が繰り返されています。その意味で、国際法は無力にみえます。しかし、国際人道法が存在するために、一つひとつの行為に関して、戦争犯罪であると認定することができるのです。

力による現状変更を国際法違反だといえるのも、国連憲章などがあるからです。世界は少しずつ進歩しているのです。

そして、国際法が存在するために、ロシアやイスラエルなども、自らの行為を国際法に照らして説明する必要が生じるのです。大国も、他国の行動を「国際法違反」だと批判し、自らの行動を「国際法違反ではない」と弁明せざるをえないのは、国際法が存在するからです。各国の言動に影響をおよぼしているのです。この意味を軽視すべきではありません。

そのうえで、それでも国際法違反の行為を止められないとすれば、国際法にとっては敗北です。しかしそれは、国際法自体の問題ではなく、履行手段を構築できないでいる各国の姿勢が問われます。

日本を含めた世界の主要国が、国際法など無力だと諦めてしまえば、「ルールに基づく国際秩序」への歩みは終わってしまいます。世界はいま、その瀬戸際にあるといってよいでしょう。

第一〇章　戦争はどうすれば抑止できるのか

抑止による戦争の阻止

抑止（deterrence）という考え方は、我々の日々の生活にも登場するものであり、特殊なものではありません。ほかの人の好ましくない行動を阻止するために用いられる力の作用です。

たとえば、お気に入りのケーキを冷蔵庫に入れておくとします。兄弟や姉妹に勝手に食べられないようにするには、どうするのがよいでしょうか。一番上の段の一番奥など、見付かりにくいところに隠しておくのも一案です。あるいは、勝手に食べたら「お父さんにいいつける」や、「ぶん殴る」、さらには「仕返しにおまえの好物を横取りするぞ」などと、相手が嫌がることを警告しておくのもありです。いずれも、自分にとっての好ましくない行動を防ぐための行動で、抑止です。身に覚えがあると思います。

家の玄関前に「猛犬注意」や「監視カメラ作動中」などという張り紙をするのも、同様の効果を狙ったものです。泥棒に対して、家に侵入したら犬に噛《か》まれるかもしれない、あるいは、すべてが録画されていてバレるかもしれないという恐怖心を持たせ、それによって泥棒が入るのを防ごうとするのです。

もしくは、新たな頼まれごとをされないように、忙しいふりをしたり、忙しいことを強調したりという経験はないでしょうか。胸に手をあてて思い出してください。これも抑止ですね。

国家も似たような行動をするのです。他の国が攻めてくることを防ぐために抑止が必要です。自国を守る、つまり自衛するためです。それは同時に、戦争を防ぐということでもあります。とにかく戦争を防ぐのが平和へのもっとも確実な道です。その基本が抑止で、「なめられないようにする」ということでもあります。

二〇二二年二月からのロシアによる全面侵攻を受けて、ウクライナは勇敢に戦っていますが、そんな戦いをする必要がなかった方がよかったことは確かです。ですから、戦争の抑止が何よりも重要なのです。

懲罰的抑止とは？

抑止には、大きく分けて二つの方法があります。第一は、「懲罰的抑止（deterrence by punishment）」と呼ばれるものです。攻撃されれば報復するという警告を発することで、潜在的敵対国の行動を阻止しようとするのです。報復によって、相手に「受け入れがたい損害」をもたらすという警告が柱になります。この形式の抑止にもっとも効果的なのは核兵器です。破壊力が大きいからです。抑止のなかでも、核兵器による抑止を、特に核抑止と呼びます。

軍事面では、確実な報復能力を持つ必要があります。敵国の先制攻撃（第一撃）で、すべての兵力、特に核戦力が破壊されてしまっては報復（第二撃）ができません。報復ができなければ、懲罰的抑止を効かせることは不可能です。相手の側に、第一撃で勝利できるという期待が生じてしまうからです。これでは逆に攻撃を招きかねません。

それを防ぐためには、自国が保有する核兵器を分散させて配備したり、潜水艦に搭載して常に一隻は海中に潜っているようにしたりして、核戦力を「非脆弱《ぜいじゃく》」にする必要があります。敵の第一撃を生き延びる必要があるのです。そうすることによって確実な第二撃能力を確保します。これが抑止の信頼性を向上させるのです。

もちろん、核兵器のみならず、通常兵器も抑止の一部です。通常兵器のみで大国を相手に「受け入れがたい損害」を与えることは難しいかもしれませんが、限定的な核攻撃への報復としては、通常兵器で十分なケースも考えられます。たとえば、米国は、ロシアがウクライナで核兵器を使用した場合には、ウクライナに展開しているロシア軍を、通常兵器で壊滅させると警告したといわれています。まさに、通常兵器による懲罰的抑止です。

拒否的抑止とは？

第二の方法は、「拒否的抑止（deterrence by denial）」と呼ばれます。もし敵が攻撃してきても、攻撃目標の破壊という作戦の目的が達成できないと示すことによる抑止です。攻撃しても目的を達成できないのであれば、攻撃する意味はなく、さらにいえば、そうした攻撃のための武器・弾薬も無駄になってしまいます。

ミサイル攻撃に対しては、ミサイル防衛、つまり飛来するミサイルの迎撃が、効果的な拒否的抑止になります。地上戦の場合は、防衛線を固めて、突破することは困難だと敵に示すことが重要になります。守りを固めることで、攻撃しても無駄だと相手に思わせ、攻撃を断念させるのです。

これらを、第七章で議論した同盟における拡大抑止に沿って考えると、NATOや日米同盟で懲罰的抑止を提供するのは主として米国です。特に米国の核戦力は、懲罰的抑止の最大の柱になります。NATOが米国の戦略核兵器を同盟の安全保障の「至高の保証」と表現するのはこの文脈です。

ただし、NATOの場合は、米国のほかに英国とフランスも核兵器保有国として、核兵器による懲罰的抑止の一部を担っています。とはいえ、全体としてみれば、同盟国は米国による報復を期待し、敵対国は、日本やNATOを攻撃するにあたってそれを考慮しなければならないのです。

他方、拒否的抑止では、米国とともに同盟国の役割が大きくなります。ミサイル防衛は米国が運用しているシステムもあれば、日本などの同盟国が独自に運用しているものもあり、それらが拒否的抑止を支えているのです。そして、米国などによる支援は期待されるものの、最前線でまず領土を守るのはその国自身の軍隊です。

ついでに付け加えると、日米同盟は、米国が日本の「代わりに」日本を守ってくれるものだと考えている人がいるかもしれませんが、それは間違いです。日本を守る主体はあくまでも日本で、米国は、自国防衛に努力する日本を支援する、ということです。日本が領土を守る姿勢をみせないのであれば、米国は助けてくれないでしょう。

抑止は、有事の際のみの問題ではなく、まさに毎日二四時間、一年三六五日、継続的におこなうものです。休みはありません。攻撃すれば「成功するかも」、「利益があるかも」と、一瞬たりとも相手に思わせてはいけないのです。この抑止は、日米同盟であれば、平時から日米共同でおこなっています。同盟が強力であり、準備万端であることを相手に示し続ける必要があるのです。

能力と意思、そして伝達

抑止を別の観点で解剖すれば、「能力」と「意思」が柱になります。能力は、懲罰的抑止では、たとえば核兵器、なかでも特に確実な第二撃能力が重要で、拒否的抑止ではミサイル防衛が鍵になります。意思は、必ず反撃する、あるいは必ず防衛するという政治的な決意といえます。敵の第一撃で戦意を失わずに戦う意思ということでもあります。

たとえ能力が整備されていたとしても、意思が欠けていては意味がありません。「どうせ戦う気はないだろう」と認識されてしまっては、抑止が成立しないからです。逆に、意思だけあっても、そのための手段としての能力がなければ、できることは限られますので、これでも抑止は成立しません。

加えて見落としてはならないのは、こちらの能力と意思を相手側に正しく伝えることの重要性です。「こちらの手の内は明かさない方が有利だ」と考える人もいるかもしれません。個別の戦闘では、部隊の配備状況や作戦意図を隠すべき場面が多くあります。しかし、より全般的な抑止のためには、能力と意思を伝達しなければなりません。

まずは能力です。たとえば核抑止では、こちらが確実な第二撃能力を持っていることを相手に示さなければ、「第一撃で勝利できるかもしれない」という誤った期待をもたせてしまう懸念があります。拒否的抑止に関する通常戦力でも同様です。攻撃されるのを防ぐには、こちらの強さをみせる必要があります。こうした伝達ができてはじめて抑止は成立するのです。

　軍事演習を公開したり、観閲式などの場で陸海空の装備や部隊を展示したりするのは、「こちらは準備ができている」ことを伝達するのが重要な目的の一つです。正しい伝達ができなければ、過小評価されてしまい、「勝てそうだ」と思われ、抑止が崩れてしまうかもしれないからです。

　能力の伝達以上に難しいのが、意思の伝達です。能力については、兵員数に加え、艦艇や戦闘機、戦車の数などの客観的なデータがある程度存在します。しかし、意思は数値化が困難です。さらに、政治指導者の意思とともに、国民の意思も問われるのです。「士気」と呼ばれるものです。

「国民が自衛のための戦いを支持しないだろう」と思われてしまっては、いくら能力と指導者の意思があっても、抑止は損なわれる可能性があります。世論に影響をおよぼす「世論戦」が重要なのは、このためです。抑止と密接に結びついているのです。

　ウクライナに全面侵攻する際、ロシアはゼレンスキー政権を数日で倒せると想定していたといわれます。つまりウクライナを過小評価していたのです。仮に、制圧は難しいという評価だったとすれば、ロシアにとって全面侵攻のハードルは高くなり、実行に移されなかった可能性もあります。抑止が機能したかもしれないのです。

とはいえ、さらに厄介なことに、抑止は、機能しているあいだは、それが機能しているのかが分からないという問題を抱えています。軍事侵攻が発生するなどして、抑止が崩れたときには分かるのですが、抑止が成功している限りは、現状維持が続くわけですから、それが、抑止の結果なのか、別の事情によるものなのかが判別できないのです。これは抑止論の構造的な課題です。

核兵器使用の抑止

そのうえで、何を抑止するのかについても具体的に考えましょう。何でも抑止だといってしまうのは楽なのですが、抑止は万能薬ではありません。あらゆる不都合なものを抑止するのは不可能です。「何を」抑止したいかによって、「何で」「どのように」抑止するかも変わります。

たとえば核兵器に関する抑止です。もっとも分かりやすいのは、核兵器の使用——核兵器が使われてしまうこと――を核兵器によって抑止することです。「核攻撃を受ければ核兵器で報復する」という懲罰的抑止の構図です。繰り返しになりますが、核兵器を「使わせない」、戦争を「起こさせない」のが抑止の目的です。

ただし、核抑止の役割を核兵器使用の抑止や、核が使われた場合の報復のみに限定すべきかどうかは、実は極めて論争的な問題です。核兵器の役割を限定することで核軍縮につなげるという観点から、こうした立場が支持されることがあります。「唯一の目的」や「核の先行不使用（no first use）」と呼ばれる考え方です。

他方で、侵略をくわだてる国が、自国が核兵器を使わない限り、相手は核報復してこないという確証を持ってしまえば、いわば「安心して」通常兵器で侵略できてしまうという問題が生じます。これでは、平和が促進されるどころか、戦争のエスカレーションをもたらしかねません。

そのため、たとえ敵国が核兵器を先に使わない場合でも、国家の存立が脅かされるような深刻な事態になれば、核兵器使用の可能性を排除しないという、「曖昧戦略」がとられることが多いわけです。核以外による攻撃でも、「核報復を受けるかもしれない」

という不安を抱かせることで、核兵器使用以外の行動をも抑止しようという考え方です。

大規模すぎる脅しは逆効果

他方で、核兵器による抑止を、敵国による核兵器使用の阻止以外に広げたとして、すべてに効果的なわけではありません。均衡性が問われ、それは信憑《しんぴょう》性に影響するからです。領土防衛にあたって、「一発でもロケット弾を撃ったら」、あるいは「一両でも車両が侵入してきたら」、核兵器で報復すると警告した場合、本当にどこまで信憑性があるでしょうか。攻撃に対する報復の釣り合いが悪すぎて、「どうせ実行できない」と足元をみられかねないのです。

一匹のゴキブリを退治するのに機関銃を使うと聞けば、「さすがにそれはないだろう」と思いますよね。それは核兵器でも同じです。核兵器使用による破壊が巨大なものになる以上、あまりに小規模な攻撃に対する報復には使いにくいのです。それは敵国も分かっています。ですから、「どんな小規模でも、あらゆる攻撃に核で応戦する」と警告しても、効果は薄くなってしまうのです。

そうすると、鋭い人は疑問に思うかもしれません。とある二国間、たとえば米露や米中関係で、核抑止というレベルで抑止関係が安定しても――これを「戦略的安定」といいます――、それよりも下のレベルでは紛争が起きる可能性が残るのではということです。実際そのとおりなのです。局地的な争いを核兵器で抑止することはできません。

たとえば、尖閣諸島《せんかくしょとう》には日米安全保障条約第五条が適用され、また、日米同盟の抑止には、米国の核戦力が含まれると、日米間では繰り返し強調されています。それでも、尖閣諸島周辺海域での中国公船による日本の領海への侵入は続いています。日米同盟による核抑止では、中国公船による尖閣周辺への領海侵犯を抑止することはできないのです。それぞれのレベルに応じた対処をする必要があるのです。

合理性の落とし穴

また、相手の問題もあります。抑止のなかでも、特に懲罰的抑止は、相手に「受け入れがたい損害」を与える警告を基礎としています。当然のことながら、「受け入れがたい損害」と呼べるものの存在が前提です。つまり、どれだけ国民が犠牲になっても、どれだけ都市や生産設備が破壊されても一切気にしないという相手であれば、この警告は効きません。「失うものがない」相手では、抑止が成立しないのです。

その端的な例は、支配する領土を持たないテロ組織です。体のまわりに爆発物を巻き付けて爆発させるような自爆テロをおこなう集団に対して、「報復するぞ」と警告しても効果がなさそうだとすぐに分かると思います。

相手も合理的でないと、抑止は成立しにくいということです。ただし、ここでいう「合理性」とは、完全に客観的で厳密なものではなく、自分と同じように考えるだろう、というぐらいの意味です。抑止する側とされる側の間で、「これは受け入れがたいだろう」というラインが共有されることが重要なのです。

ここには落とし穴があります。人間には、相手も自分と同じように考えるだろうと想定してしまうというバイアス（偏見）がどうしてもあります。これは、「ミラー・イメージ」と呼ばれます。相手をみているつもりが、実は鏡に映った自分をみているということです。自分にとって「受け入れがたい損害」は、相手にとってもそうであろうと考えてしまいがちなのです。

冷戦時代、米国とソ連の間の直接対決は避けられましたが、それぞれの抑止理解はさまざまに異なっていました。また、一九八三年一一月には、NATOが実施した「エーブル・アーチャー」という核演習をソ連側が実際の攻撃準備だと誤認した事件も起きました。米ソ間の核戦争の可能性がもっとも高まった瞬間だったという声もあります。

抑止がそのような不確かな基礎のうえに成り立つものであったことは、いまから思えば背筋が寒くなるような話です。

しかし冷戦後は、北朝鮮とイランによる核開発にも対処する必要性が拡大しました。問題は、これらの国が（ソ連ほどには）合理的ではなく、「話が通じない」懸念が高まったことです。これも主観の問題だったといってしまえばそうなのですが、抑止、なかでも特に懲罰的抑止が成立しないかもしれないとの疑念は深刻に捉えられました。

さまざまな抑止のバランス

そこで、報復に基づく懲罰的抑止と、防御に基づく拒否的抑止のバランスを変化させるという課題が浮上したのです。冷戦期、米ソの間では、ミサイル防衛に代表される拒否的抑止を拡充しすぎれば、懲罰的抑止の基盤が損なわれるとの共通理解があり、両国は、ミサイル防衛を制限することで合意しました。

安定的な懲罰的抑止には、先ほど説明したように、確実な報復（第二撃）能力が不可欠です。ミサイル防衛が強化されすぎると、確実な報復ができなくなってしまい、結果として、先制攻撃（第一撃）が可能な状況が生まれかねないと懸念されたのです。抑止を成立させるために、あえて防衛を強化せず、自国の領土と国民を危険にさらしたままにするという、人道的観点からはにわかに信じられないような判断が受け入れられていたのです。

しかし、非合理的で懲罰的抑止が通じない相手に対応しなければならないとしたら話は別です。領土・国民を守る必要が生じます。そこで、米国のジョージ・W・ブッシュ大統領は、二〇〇一年に、米露間の弾道ミサイル防衛制限条約（ABM条約）からの離脱を決定し、ミサイル防衛の強化を本格化させました。抑止論的には、懲罰的抑止への依存を減らし、拒否的抑止の比重を引き上げるということです。

日本でも、北朝鮮が一九九八年にはじめて日本の上空を飛び越え、太平洋に着弾する弾道ミサイル発射実験をおこなったことを受け、ミサイル防衛の導入が進みました。それ以降、日本のミサイル防衛能力は、日米同盟の拒否的抑止を支える大きな柱に成長します。

その約二〇年後、二〇二二年一二月の日本の国家安全保障戦略は、各国のミサイル技術の向上などを念頭に、「既存のミサイル防衛網だけで完全に対応することは難しくなりつつある」として、反撃能力と呼ばれる攻撃能力が、「我が国への侵攻を抑止する上で鍵となる」と指摘したのです。ミサイル防衛のみでは不十分との判断のもと、抑止の新たな柱に攻撃能力を据えたということです。

ここで、抑止の対象国は明示されていませんが、北朝鮮のみならず中国も含まれるはずです。そうした場合、日本が有することになる限定的な攻撃能力（反撃能力）が、どの程度の抑止になるかは難しいところです。少なくとも、中国に「受け入れがたい損害」を与える懲罰的抑止にはならないでしょう。

日本が有することになる長射程の航空機発射型ミサイルや、地上攻撃用の巡航ミサイルなどは、実戦での使用が想定されるわけで、相手の目的達成を妨げるという、拒否的抑止の一環として捉える方が実態に近いといえます。

サイバー抑止へ?

それぞれの間のバランスは状況に応じて変化するとしても、核兵器、ミサイル防衛、通常戦力などが、さまざまに組み合わせられて抑止が構成されることになります。そうしたなかで、近年特に注目されているのがサイバー能力です。サイバー「防衛」は、サイバー攻撃から自らを守るものです。それに対して、サイバー「攻撃」は、悪意を持った個人や団体、国家がおこなうものというイメージかと思います。

しかし、第六章でも触れたように、防衛するためには攻撃の手口を知っておく必要がありますし、攻撃を受けたとき、あるいは受けそうなときには、相手の行動を察知して、相手のサイバー攻撃能力を無力化するための攻撃も必要になるのです。通常兵器以上に、攻撃と防衛の垣根がないのが、サイバー領域の特徴です。日本でも、能動的サイバー防御という名称で、ようやく本格的な準備がはじまりました。

防衛と攻撃の双方の能力を備えれば、いずれ、サイバーの世界でも抑止が可能になるのではとの期待もあります。これには、侵入などを阻止するという拒否的抑止の側面もあれば、攻撃しても、それが補足され、反撃を受けるという懲罰的抑止の側面もあります。

ただし、通常兵器や核兵器の場合ともっとも異なるのは、サイバー攻撃では、「誰がやったのか」の認定が難しい点です。兵器による攻撃でも、偽装や偽旗作戦など、他国がやったようにみせかけることは、古来の戦術です。しかし、サイバーは、そもそも、攻撃があったこと自体が分からないこともあれば、関係のない第三国のサーバーを経由した攻撃などもあり、認定がさらに難しいのです。サイバーでの抑止を構築するには、こうした認定技術も欠かせません。

抑止としての経済制裁?

最後に経済制裁についても触れておきたいと思います。核兵器、通常兵器、ミサイル防衛、サイバー能力に加えて、経済制裁もときに抑止の文脈で議論されます。経済制裁には、輸入禁止や輸出禁止、在外資産凍結、決済システムからの排除など、さまざまな措置が含まれます。これらの発動の警告は、兵器による報復の警告と同様の効果を持つでしょうか。

二〇二二年二月のロシアによるウクライナ全面侵攻前、米国を中心とする諸国は、「さらなる侵攻をすれば強力な経済制裁を課す」と警告して、侵攻を防ごうとしました。経済制裁の抑止効果を狙ったのです。しかし、完全な失敗に終わりました。

ロシア側が、米欧日などの諸国による経済制裁への意思を過小評価したという問題――つまり、先述の伝達問題――もありましたが、やはり、軍事侵攻を決意した国を、経済制裁の警告で止めることはできなかったのです。このことは、今後、台湾や南シナ海、東シナ海などで中国の動きをいかに抑止するかという観点でも教訓になるかもしれません。

現実世界での抑止の将来を考えた場合、核兵器以外による抑止もさらに重要になると思いますが、その際には、抑止を漠然と捉えるのではなく、「何を」抑止するには「何が」必要かという、目的と手段の関係を、いままで以上に厳密に見極めていくことが必要になります。

第一一章　日本の平和と世界の平和

日本「だけ」を守れるのか

この本でのこれまでの議論を受けて、最後に、日本にとっての戦争と平和の問題をあらためて考えてみましょう。三つの問いかけをしたいと思います。第一は、日本と世界のつながりについてです。世界がどうなろうとも、日本だけの平和を守ることができるかという問題です。

日本が島国であることを考えると、海と空の守りを固めれば、物理的な意味での国家の生存は守ることができるようにも感じます。しかし本当でしょうか。そしてそれは持続可能でしょうか。

領土のみを守っても、輸入に頼る部分の大きい食糧やエネルギーはどうするのでしょうか。日本の食糧自給率は約四〇%、エネルギー自給率は約一二%です。つまり、領土だけを守っても十分ではなく、最低限、食糧とエネルギーを海外から輸入し続けなければば、国民の生活を維持することができないのです。

さらに、日本を取り巻く安全保障環境は悪化しています。中国による軍拡、東シナ海、南シナ海、台湾に対する強硬姿勢、北朝鮮の核兵器や弾道ミサイルの開発などです。ウクライナ全面侵攻をおこなったロシアが日本の隣国である点も忘れてはなりません。

そうした状況を受け、自衛隊などの日本の防衛のための資源は、近隣地域での役割、特に、北朝鮮を対象としたミサイル防衛や、中国を対象とした尖閣諸島《せんかくしょとう》周辺海域での警戒監視などに「全振り」すべきだという議論が大きくなります。ほかのことをやっている余裕はない、というのです。これはいわば、国防における「ジャパン・ファースト」です。

実際、日本の防衛費が増額されたとしても、中国とのギャップは拡大し続けているのが現実ですので、近隣地域に資源を集中させるのは合理的な判断にみえます。しかし、それだけで日本を守れるのかが問題なのです。

それに対して、日本の安全、繁栄、そして究極的な生存も、安定的な国際秩序に依存している以上、近隣地域を越えて世界に関与しなければならないとの考え方も存在しま

【地図】日本の近隣地域

ロシア
モンゴル
朝鮮民主主義
人民共和国
大韓民国
日本
ネパール
ブータン
中華人民共和国
ミャンマー
ラオス
台湾
バングラ
デシュ
タイ
ベトナム
フィリピン
グアム
スリランカ
ブルネイ
ダルサラーム
カンボジア
パラオ
マレーシア
シンガポール

す。「グローバル・ジャパン」と呼ぶことのできる考え方です。食糧やエネルギーを含む貿易が重要だとすれば、海路の安全を確保しなければなりませんし、供給元となる諸国との関係も強化する必要があります。それらが日本の生存に直結するからです。

日本国内で生活していると、日本がどれほど世界に依存しているのかを実感する機会はあまりないかもしれません。でも、日本はひとりではやっていけない国なのです。これが、食糧もエネルギーもあるロシアや米国のような国とは異なる点です。そうした諸国は、孤立主義が選択肢になりますが、日本は違います。

つまり、国際関係が少しでも日本の安全と繁栄にかなうものになることに努力するのは、日本の中心的な国益なのです。ロシアによるウクライナ全面侵攻に声を上げるのも、いわれのない攻撃を受けるウクライナの人々への人道主義的な連帯である以上に、そうしたことが許される世界であっては、日本自身が困るからです。世界の平和と日本の平和はつながっているのです。

どのように世界に関与するか

それでは、どのように世界に関与するのでしょうか。これが第二の問いかけです。これには注意が必要です。この本は、戦争と平和の問題に、軍事を含めた安全保障の観点から取り組むことが目的だったため、そうした話を中心にしてきました。しかし、日本が世界の問題に関与するときに、安全保障が常に前面に出るわけではありません。

というのも、世界のなかでの日本の「強み」は安全保障だとはいいにくいからです。やはり、最大の柱は経済です。それには、新たな技術などのイノベーション（革新）も含まれますが、政府の政策として特に重要なのは、開発途上国などに対する政府開発援助（ODA）、つまり経済支援です。

港湾や橋、道路といったインフラ整備への支援は、日本が長年積み重ね、高い評価をえてきた分野です。近年では、「質の高いインフラ」がキーワードになっています。そして、インフラは単なる構造物ではありません。そこには物事への考え方、仕事の仕方、さらにいえば思想や哲学が込められているのです。日本が提案、提供するそうした支援が信頼されているとすれば、それは単なる技術力への評価ではありません。日本の「やり方」がどれだけ魅力的だとみられるかが問われるのです。

安全保障面での役割も必要なの？

日本の強みが経済分野だとすれば、軍事を含む安全保障は他国に任せればよいのでしょうか。「餅は餅屋」という言葉があります。素人が無理をしてもかなわないため、それぞれの専門家に任せろという意味です。ただ、これが成立するには、十分な数の餅屋が存在するという前提が必要になります。

しかし、現実の世界では、軍隊の派遣を含めた安全保障上の役割を担える国が十分にあるとはいえません。そうだとすれば、安全保障を他国に任せるという発想は、責任放棄になってしまいかねません。ですから、世界の主要国の一角を占める以上、「安全保障は知りません」というわけにはいかないのです。

この問題には日本に特有の歴史もあります。第二次世界大戦後の日本は、戦争の反省を踏まえて、ふたたび軍事大国にはならないと誓いました。地域や国際社会で、安全保障や軍事の役割を果たさないこと自体が、日本の貢献だと考えられていたのです。

他方、戦後の日本の歩みへの信頼が上昇するなかで、日本が安全保障上の役割を果たすことを容認、さらには期待する声が日本の内外で徐々に大きくなりました。それは、日本が経済大国になっていくプロセスとも重なりました。

一九九〇年代以降、日本は国連の平和維持活動（PKO）に自衛隊を派遣するようになりました。当初は、この是非をめぐって、その都度国論を二分する激しい論争がありました。それほどまでに反対論が根強かったのです。しかしその後、PKO以外にも、災害救援や外国軍との共同訓練などのために自衛隊が海外に派遣されることは日常的な光景になりました。

何らかの有事が発生したときに、同盟国である米国以外にも、価値や利益を共有する友好国の軍隊と自衛隊がすぐに連携できる準備をしておくことがより重要になったのです。共同訓練の実施はそのために不可欠です。また、サイバーや宇宙、人工知能（AI）といった新たな分野での国際的なルール形成での役割など、安全保障に関連する分野はさまざまに拡大しています。

価値とパワー

最後の第三の大きな問いは、価値をめぐる問題です。自由や人権、民主主義について語らうことを、「青くさい」と敬遠していないでしょうか。日本で暮らす多くの人がついあたり前だと思ってしまうそれらは、世界の多くの国では、決してあたり前ではないのです。たとえば、中国やロシア、北朝鮮では、政府批判がほとんど許されません。

第五章で「何を」守るのかについて考えた際に、価値についても触れました。価値を守るために戦うといきなりいわれても、ぴんとこなかったかもしれません。そのため、まずは自由が失われるとはどういうことかを考えてみるのがよいと思います。

しかもそれはある日突然にやってくるのではなく、徐々に蝕《むしば》まれていくのかもしれません。気がついたら、中国やロシアの顔色を窺《うかが》いながらしか外交ができなくなる、メディアが政府を批判できなくなる、という状況になってしまうかもしれません。そのような状況を防がなければならないという意識が、まずは重要になります。繰り返しになりますが、根本的には、我々がどのような社会で生きたいのかという問題です。

さらに、価値の問題の背後には、国力、パワーの問題が存在しています。というのも、異なる価値や異なる秩序観を持つ諸国が競争状態にあるとすれば、価値を守るためには、自らの標榜《ひょうぼう》する価値を共有する諸国の勢力が、そうではない勢力とのパワー・バランスで優位にあることが重要になるからです。パワーで劣勢になれば、相手側に飲み込まれてしまうかもしれません。価値を守るには、パワーも必要なのです。価値は価値の問題で完結しないのです。

日本の舵《かじ》取り

日本は長らく、米国との同盟を、外交・安全保障政策の基軸に据えてきました。米国が世界最大のパワーを有する国であり、自由や民主主義という価値を共有する存在でもあったため、米国とともにあることは、日本にとって極めて有利でした。

中国や北朝鮮、さらにはロシアと地理的に接する日本にとって、領土防衛の観点で、日米同盟の重要性はさらに上昇していきます。他方で、残念ながら、世界における米国の相対的パワーは下落していきます。自由や民主主義といった価値をまったく共有しない大国である中国が台頭するとともに、グローバル・サウスと呼ばれる新興諸国の影響力が増大していきます。日本が米国、英国、ドイツ、フランス、イタリア、カナダ、ＥＵとともに参加するＧ７も世界での比重は低下しています。

パワー・バランスの変化が急激に進んでいるのです。つまり、日本が大切にする価値を守るのは、今まで以上に大変になってきているということです。日本は、そうした世界で舵取りをしていかなければならないのです。

加えて、自由にも民主主義にも、「米国流」や「欧米流」以外にさまざまな形があるという主張が増えています。いわゆるグローバル・サウス諸国の力が拡大するなかで、そうした声はさらに大きくなるでしょう。日本では、欧米とアジアの「橋渡し」になるとの議論が好まれますが、橋渡しは、容易に「板挟み」になりかねない点には注意が必要です。日本の基本的な立ち位置をあらためて確認する必要があります。

欧州と中東の戦争に関して、グローバル・サウス諸国では、米欧が「ロシアを批判するのにイスラエルを批判しないのはおかしい」という声が高まっています。イスラエルによる軍事作戦により、ガザ地区などで多くの民間人が犠牲になっていることが念頭にあります。いわゆる「ダブル・スタンダード（二重基準）」批判です。

この結果、米欧を中身とする自由や民主主義を掲げる諸国の信頼性や正統性自体が低下しつつあります。これは、それら諸国と価値を共有し、安全保障面でも強い関係を有する日本にとっても深刻な問題です。

状況が不利になればなるほど、持てる資源を最大限に、そして効率的に活用しなければなりません。つまり、戦略が問われるのです。そのためにもまずは、世界の戦争と平和の問題、安全保障の仕組みをしっかり理解することが不可欠です。「何から」「何を」「いかに（何によって）」守るのかが、すべての出発点になるのです。

コラム——戦略とはなにか

研究室に来た学生に、「すごい数の本ですね。全部読んだのですか?」と聞かれることには慣れた。若干の見栄《みえ》は張っても、嘘《うそ》はつかない。もちろん全部読んでいるわけがない。最初から最後まで精読した本は、全体の三割、二割、いや一割以下かもしれない。

買った本を読まずに積んでおくことを指す「積読《つんどく》」という言葉がある。「読まなければ」「でも読む時間がない」という読書人にとっての永遠の葛藤が込められた何とも深い言葉である。だが、大学教員のような「プロ」は、もちろんもっともらしい言い訳を用意している。可能なときに買っておかないと入手できなくなる可能性がある、必要なときに手元にないと使えない、などなどだ。学生にみせる必要が急に訪れるかもしれない。

どのような言い訳をつけたとしても本が視界に入っていることが重要だし、本に囲まれている安心感のようなものもある。最後は理屈ではない。

しかし、これをこじらせると、その先に待ち受けるのは、本のみならずコピーした論文・文献の束が積みあがる空間である。それぞれに特徴的な表紙・背表紙を楽しめる本ならまだよいものの、コピーの束はみた目も悪い。

雑誌論文をＰＤＦでダウンロードするのがあたり前の世代は知らないかもしれないが、私が大学院生だったほんの二〇年ほど前まで、論文といえば図書館で製本されたバックナンバーを抱えてコピー室に行き、そこでコピーするものと相場が決まっていた。コピー代もかさんだものだ。さらに、余白を調整してきれいにコピーすると、それだけで勉強した気分になってしまうという落とし穴まであった。コピーした論文を抱えて図書館を出る瞬間、何だか研究がはかどった錯覚に襲われたものである。そしてそのまま良い気分で院生仲間と居酒屋に向かう。

買って本棚に並べて（あるいは積み上げて）眺めるだけの単行本に、コピーしただけで満足してしまう雑誌論文。いずれも困った話だが、読書の周辺に広がるこうしたものを否定してしまうのも寂しい。一連のプロセスのすべてが読書だ。そのはずだ。

そんな強弁をしてみても、実際に読まないことには始まらない。研究者という立場上、私の場合は、本を読むのも書くのも仕事の一部である。それでも十分楽しいのだが、趣味としての読書はもっと楽しい。そして、趣味と仕事（実益）がうまく重なりあえばなおさらよい。勉強、研究、仕事で読書をする場合の幸せの瞬間は大きく分けて二種類存在する。

第一の幸せは、必ずしも専門分野でない本を読んで、専門に直結する指摘に出会うときである。予期しないものであることもあれば、下心たっぷりに狙って出会うこともある。いずれであっても小躍りするほどうれしい。

稲垣栄洋『弱者の戦略』（新潮選書、二〇一四年）は、近年でもっとも心躍った一冊だ。著者の稲垣は植物学者である。植物も動物も普段はあまり読まないジャンルだが、「戦略」という言葉についついひきよせられてしまった。競争の厳しい自然界で弱そうな動物や植物はなぜ生き残っているのか。これを「弱者の戦略」として描いたのが本書だ。

群れる、逃げる、隠れる、ずらす、そして細分化してニッチを作り、狭いところでも「ナンバー1」になる、虎の威を借《か》る、コバンザメ戦略など、さまざまな事例が紹介される。どれも「せこい」がそれだけに親近感がわく。強者に対して正面から挑むことを避けるのが共通点だろうか。そしてそれらはいずれも成功が実証された事例なのである。そうでなければ、一見弱い動物はすでに滅びている。目からウロコとはこのことだ。

さらに、人間は「万物の霊長」として地球上に君臨しているものの、生物としての人間は「常に弱者」であり、「弱者は常にさまざまに工夫し、戦略的に生きることを求められる」とも指摘される。そして、「丸腰のまま大自然の中に置き去りにされたとしたら、人間ほど弱い存在はない」といわれ、はたと気づく。戦略がもっとも必要だったのは人間で、「弱者の戦略」は、弱い動物への哀れみの議論ではなく、回りまわって我々人間の話だったのだ、と。

そしてこれは、国際関係にもあてはまる。中小国は大国のマネをしても成功しないし、戦略が必要なのは大国よりもむしろ中小国ではないか。そう考えて、戦略に関する本流の本に手を伸ばす。

そこでやってくるのが、第二の幸せな瞬間である。それは、専門分野の本を読みながら、それを大きく超えて視界が開けるときである。専門分野の本を読むのは仕事のためだが、そのさなかに、狭義の仕事以外にも広く人生に役立ちそうな話に気づけるとしたら幸運だ。

戦略についてては日本語でもあまたの本があるが、ここは戦略論の泰斗であるローレンス・フリードマンに任せるほかない。原著のタイトルは、そのままずばりタイトルだ。*Strategy: A History* である。しびれるほどの簡潔さで、彼にしか付けられないタイトルだ。日本語訳は貫井佳子訳『戦略の世界史――戦争・政治・ビジネス（上・下）』（日本経済新聞社、二〇一八年）として刊行されている。

先ほどの『弱者の戦略』で触れた点についても言及がある。いわく「もともと力をもっている者にとって、戦略はさほど難しいものではないだろう。より豊かな資源を分別をもって用いれば、成功する可能性は高い」。だからこそ、「弱者の戦略がまさに創造性を試される」とも述べている。さらにフリードマンは、「戦略とは、当初のパワー・バランスが示す以上のものを引き出すためのものであり、パワーを創り出すアートなのである」とも指摘する。そのとおりだ。これは国際関係のみの話ではない。

二つの話がここで完全に重なった。植物学者と戦略論学者が同じことをいっている。これは人間のみならず生物の真理に違いない。

戦略という言葉、そして概念は強者ではなく弱者とよりつながっている。にもかかわらず、国際関係のみならず世間一般でも、戦略という言葉には強者（大国）の響きがある。

それは、我々が誤解してきたからという面もあるが、強者の戦略の方が他者への影響が大きいという現実も存在する。たとえば冷戦時代の米国とソ連、あるいは今日の中国のような大国、さらには超大国の戦略の方が、他国への影響が大きいためには無視できない。しかし、戦略の影響が大きいことは、戦略に秀でていることを意味しない。力を持っていれば、強引ではあっても、物事を力でねじ伏せることが可能かもしれない。小国はそうはいかない。ただでさえ少ない力の使い方を間違えば滅びてしまう。

そして問われるのは、我々一人ひとりにとっての戦略だ。自らを弱いと考える人ほど戦略が必要である。何度でも繰り返そう。戦略は強者のものではなく、強者に対抗する、さらにいえば強者との直接対決を避けて自らの生存をはかろうとする弱者のためのものである。

こうして、全く異なる分野の本の議論が読者の頭のなかで完全につながる。この瞬間の知的幸せを一人でも多くの人にあじわって欲しい。そのためには積読は大きな助けになるはずだ。ふと目に入る、ふと手に取ることから新しい世界が広がるのである。

鶴岡路人「わたしの推薦図書」
『KEIO SFC REVIEW』第七六号（二〇二四年）五四―五五頁を転載

さらに学ぶための読書案内

この本を最後まで読み、戦争と平和の問題、国際関係についてさらに読み進めたいと考えてくれるとしたら、著者としてはとてもうれしいことです。ここでは、理解をより一層深め、自らの力で戦争と平和の問題を分析できるようになるためによいと思う本を、比較的手に取りやすいものを中心にいくつか紹介します。

また、最近ではインターネットでさまざまな情報が簡単に手に入るようになりました。国際関係を勉強する際にもインターネットが重要な情報源になることは当然です。海外のニュースもすぐに読むことができます。しかし、基礎から体系的にしっかり学ぶには、インターネット上で見つけた手軽な記事ではなく、やはり紙の書籍（あるいはその電子版）をじっくり読んでください。血となり肉となります。

国際関係全般

まず取り上げるべきは、高坂正堯《こうさかまさたか》『国際政治――恐怖と希望［改版］』（中公新書、二〇一七年）です。国際政治を力の体系、利益の体系、価値の体系という三つの視点から分析した古典的名著です。初版は一九六六年ですので、だいぶ昔の本ですが、時代をこえて読み継がれてきました。

そのうえで、中西寛『**国際政治とは何か——地球社会における人間と秩序**』（中公新書、二〇〇三年）や、細谷雄一『**国際秩序——18世紀ヨーロッパから21世紀アジアへ**』（中公新書、二〇一二年）などに進んでもらえれば、国際政治の全体像がみえてきます。

また、第一部で扱った三つのイメージに関するウォルツの本は日本語訳が出ています。ケネス・ウォルツ（渡邉《わたなべ》昭夫《あきお》・岡垣知子訳）『**人間・国家・戦争——国際政治の3つのイメージ**』（勁草書房、二〇一三年）です。簡単な本ではありませんが、挑戦してみてください。

主に大学生向けの標準的な教科書として定評があるのは、たとえば、ジョセフ・ナイ・ジュニア、デイヴィッド・ウェルチ（田中明彦、村田《むらた》晃嗣《こうじ》訳）『**国際紛争——理論と歴史［原書第10版］**』（有斐閣、二〇一七年）、村田晃嗣他『**国際政治学をつかむ［新版］**』（有斐閣、二〇一五年）です。また、小笠原高雪他編『**国際関係・安全保障用語辞典［第**

2版」』（ミネルヴァ書房、二〇一七年）が手元にあると便利です。

安全保障・軍事

安全保障・軍事は、戦後の日本では研究が遅れてきた分野でしたが、最近では、よい入門書が多数出ています。高橋杉雄『**日本で軍事を語るということ——軍事分析入門**』（中央公論新社、二〇二三年）はその代表です。核抑止については、ブラッド・ロバーツ（村野将監訳）『**正しい核戦略とは何か**』（勁草書房、二〇二二年）が、高度な内容ですが、挑戦してみる価値があります。また、若干毛色は違いますが、アンヌ・モレリ（永田千奈訳）『**戦争プロパガンダ10の法則**』（草思社文庫、二〇一五年）は、戦争についていろいろ考えさせられます。

本書でもたびたび言及した日米同盟については、千々和《ちぢわ》泰明《やすあき》『**日米同盟の地政学——「5つの死角」を問い直す**』（新潮選書、二〇二四年）が最新の研究成果ながら、非常に読みやすい本です。NATOについては、若干分厚い専門書ですが、鶴岡路人『**模索するNATO——米欧同盟の実像**』（千倉書房、二〇二四年）を手にとってもらえるとうれしいです（可能な限り平易に書きました）。

関連して、ロシアによるウクライナ全面侵攻については、小泉悠『**ウクライナ戦争**』（ちくま新書、二〇二二年）がロシアの視点を、鶴岡路人『**欧州戦争としてのウクライナ侵攻**』（新潮選書、二〇二三年）が欧州の視点を提供しています。

また、安全保障分野の研究者が集まって、それぞれの推薦図書を紹介している、赤木完爾《かんじ》・国際安全保障学会編『**国際安全保障がわかるブックガイド**』（慶應義塾大学出版会、二〇二四年）で、読んでみたい本をみつけてみるのもよいかもしれません。

日本の政治・外交

最後に、国際関係や外国の政治に関心のある人（日本人や日本語で国際関係を学ぼうとしている人）は、日本の政治・外交にも同時に関心を持って欲しいと思います。日本のことを知らずに、外国を理解し、さらに評価するのは難しいのです。この本で、日本に焦点をあてた第一一章以外にも、さまざまな場所で日本の事例に触れたのは、このためです。日本と世界を結びつけて考えることによって、日本も世界もよりよく分かるはずです。

日本の歩んできた道については、たとえば、五百旗頭真《いおきべまこと》編『**戦後日本外交史［第3版補訂版］**』（有斐閣、二〇一四年）、千々和泰明『**戦後日本の安全保障**』（中公新書、二〇二二年）などで基礎を固めるのがよいと思います。

また、是非、政治家や外交官の回顧録を読んで欲しいと思います。もちろん、一人の回顧録をすべて信じてはいけません。それは、あくまでもその人がみた世界にすぎないからです。さまざまな回顧録を読み比べながら、政治外交の世界の空気を少しでも感じることができれば、また世界が大きく広がると思います。

最近のものとしては、例えば、安倍晋三《あべしんぞう》『**安倍晋三回顧録**』（中央公論新社、二〇二三年）、高村正彦他『**冷戦後の日本外交**』（新潮選書、二〇二四年）などが、政治・外交の現場の空気を伝えます。異能の外交官によるものとしては、岡本行夫『**危機の外交　岡本行夫自伝**』（新潮社、二〇二二年）が臨場感にあふれています。

あとがき

戦争と平和について考えなければならない問題は、もちろんまだまだ存在しますが、とりあえずこの本は終わりにしましょう。戦争と平和の問題を読みとく方法が少しでもみえてきたとすれば、著者として非常にうれしいです。

私がこうした問題に最初に関心を持ったのは、一九九〇年夏に発生したイラクによるクウェート侵攻のときでした。日本のテレビでも情勢が連日報じられていました。それまで戦争といえば歴史の話だと漠然と考えていた私にとっては、大きな衝撃でした。中学三年生のときのことです。

そのあと、国際関係の怖さと面白さにのめり込むことになりました。十代に受ける衝撃は、やはり影響が大きいですし、きっかけは何であっても、関心を持ったものを突き詰めてみるのは貴重なことです。

国際関係、なかでも戦争と平和の問題に関して、日本ではかなり特殊な環境で、独特な議論が続けられてきました。安全保障や防衛の問題が、「自衛隊は合憲か？」にはじまり、憲法問題として議論されてきたのはその象徴です。

国の最高法規として憲法が重要であることは当然ですが、この本では、憲法問題の泥沼に入ることを避けて、政治、外交、軍事のよりリアルな側面に焦点をあてるようにしました。というのも、ここで目指したのは、「独りよがり」ではない国際関係の読みとき方だったからです。戦争や憲法に関連する日本の特殊事情や理解を海外に投影したり、ましてや押し付けたりしようとしても、うまくいきません。国際関係には相手があるからです。

近年、ようやく若干変化しつつありますが、日本で「平和主義」として語られるものの多くは、「反軍主義」なのが現実でした。軍事はもちろんのこと、安全保障を語ることすら、長らくタブー視されてきたのです。安全保障を教える大学の授業も、一九九〇年代半ばまではほぼありませんでした。それでは、戦争と平和の問題を考えるスタート地点にも立てません。

最終的にどのように世界をとらえるのか、そしてそのときにいかなる立場をとるかは、皆さんの自由です。しかし、まずは国際関係をみるにあたって、国際的に共有できる基盤が必要です。世界をまえに、その現実を、「べき論」や希望的観測、願望としてではなく、リアルに読みとくツールが必要なのです。この本はそれを目指しました。

ちくまプリマー新書の一冊として、中高生にも手に取ってもらいたいと考え、可能な限り平易に書きましたし、ページ数の関係で取り上げられなかった話もあります。

しかし、内容の妥協は一切していません。論争的なものを含めて、相当踏み込んで書きました。いわゆる「子供向け」ではなく、真剣勝負をしたつもりです。つい熱くなってしまった箇所もあります。異論や反論も大歓迎です。「さらに学ぶための読書案内」では、かなりの専門書も紹介しました。それは、本書の内容を踏まえれば、十分に読めるはずだと信じているからです。

そのうえで、この本を書こうと思った直接のきっかけは、二つありました。

「戦争研究学部」って？

第一の大きなきっかけは、個人的な話ですが、二〇〇二年から三年間留学したロンドン大学キングス・カレッジでの経験です。もちろん当時、二〇年以上あとにこのような本を書こうと計画していたわけではありません。ただ、留学先の学部名が「戦争研究学部（Department of War Studies）」だったのです。

英国から一時帰国したときなどに、留学先について聞かれ、学部名を答えると、ほとんどいつも「えっ？　何それ？」という反応をされました。そして、不思議というよりは不審そうな顔で、「戦争が好きなのですか？」と聞かれたのは、一度や二度ではありません。

戦争は防ぐ対象ですから、好きではありません。対立を武力で解決しようとしてはいけません。「戦争反対」です。それでも、人間が戦争を繰り返してきたのも事実で、だとしたら、「戦争のことなど知らない」では困るのです。防ぎたいのであれば、それがどのようなものであるのかを徹底的に知る必要がある、というわけです。

戦争研究学部はまさにそうした学部です。理論や歴史、技術、政治・外交、社会、思想、心理などなど、本当に、戦争のあらゆる側面に関する専門家がそろっていました。ただし、大学の学部の名前として、ほかに例がないほどに珍しいのは事実です。そうした場所で学び、博士号を取得したからには、やはりしっかりその基本的な考え方を引き継ぎ、日本で伝える役目を負っていると考えてきました。

また、私が留学していた二〇〇三年には、イラク戦争――イラクのサダム・フセイン政権打倒を掲げた米国と、英国など一部諸国とイラクとの間の戦争――がおき、英国ではその是非をめぐって国論が二分していました。

ロンドン市内では史上最大規模ともいわれる反戦デモがありました。当時、英国軍は米国軍とともにイラク戦争に参加しており、まさに戦時中だったのです。

ウクライナ全面侵攻を受けて

この本の第二の背景は、ロシアによるウクライナ全面侵攻です。二〇二二年二月にはじまってから、連日連夜、テレビやラジオ、新聞などで、この戦争についてお話しすることになりました。そうした場では、最新情勢についてコメントすることがほとんどです。特にテレビでは時間も限られるため、簡潔な説明が求められます。

しかし、それでも戦争と平和の問題の根源的なところをしっかり理解して欲しいし、それを踏まえれば、最新情勢もよりよく理解できるはずなのにと、とても歯がゆい思いをすることが、少なくありませんでした。この本はそうした思いの結晶です。最新情勢の分析の背後にある基本的な考え方を、体系的に伝えたかったのです。

この戦争についてのニュースに接するなかで、ロシアやウクライナという国に関して、歴史や政治、社会、言語などをより深く知りたくなった人も少なくないでしょう。ぜひ沢山の本を読んで欲しいと思っています。しかし同時に、全体像をいかにとらえるのかという、読みとき方も欠かせないのです。

基礎となる明確な視座があると、新たな問題に直面したときにも、それを適用することで、だいたいの構図が浮かび上がるのです。間違うこともありますが、さまざまな状況も想像できるようになります。

最後に、この本は、次の世代へのメッセージでもあります。私にも二人の子供がいます。いまの大人たちは、子供たちに、よりよい世界を残す責任があります。それでも、各世代ができることには限界があるのも現実です。そうであれば、まず、過去と現在の世界が抱えてきた問題を、包み隠さず、次の世代に伝えなければなりません。

この本でみてきた国際関係の基本的構図は、そう簡単に変わらないと思います。そのため、この基礎をまずはしっかり示そうとしたのです。しかし、「世界が変わるはずはない」とも思っていません。よい方向にも悪い方向にも、世界は変わる可能性があります。そのときにも、どのような要因が世界を変えるのか、あるいは、変えないのかを見極める必要があります。

この本は、私にとっては、四冊目の単著ですが、最初から最後まですべてを新しく書き下ろしたのはじめてです。時間をつくりだし、通しでまとめて書くのは大変だったものの、楽しい作業でした。あとは、一人でも多くの人に手に取ってもらえれば、うれしいです。

戦争と平和に関する入門書を書きたいと思い立ち、というか、勝手な使命感に燃え、二〇二〇年に『EU離脱――イギリスとヨーロッパの地殻変動』(ちくま新書)を刊行した際にお世話になった編集者の藤岡美玲さんにご相談しましたら、何と、ちくまプリマー新書の編集長をされているとのことで、すぐに話が進むことになりました。

今回、直接には甲斐いづみさんにご担当いただき、かなりのスピードで刊行までこぎつけることができました。ありがとうございます。

二〇二四年九月

鶴岡　路人

〈索引〉

chikuma primer shinsho

ちくまプリマー新書475

はじめての戦争《せんそう》と平和《へいわ》

二〇二四年十一月十日　初版第一刷発行

著者　鶴岡路人（つるおか・みちと）

装幀　クラフト・エヴィング商會

発行者　増田健史

発行所　株式会社筑摩書房
東京都台東区蔵前二‐五‐三　〒一一一‐八七五五
電話番号　〇三‐五六八七‐二六〇一（代表）

印刷・製本　中央精版印刷株式会社

ISBN978-4-480-68508-7 C0231 Printed in Japan
©TSURUOKA MICHITO 2024

乱丁・落丁本の場合は、送料小社負担でお取り替えいたします。

本書をコピー、スキャニング等の方法により無許諾で複製することは、法令に規定された場合を除いて禁止されています。請負業者等の第三者によるデジタル化は一切認められていませんので、ご注意ください。